本书由河南省高等学校哲学社会科学创新团队支持计划资助

社会主义核心价值体系引领

社会诚信建设

张尚字 王新刚 等◎著

人民出版社

目　录

1

绪　言　诚信是社会主义社会的
　　　　　美好德性

诚信是一种不自欺，不欺人的道德规范。"守诚信"既是中华民族的传统美德，也是维护社会文化秩序的美好德性。社会主义社会诚信，是诚信在社会主义社会生产方式基础上形成的，是调节人的思想行为、协调人际交往和维护社会秩序的重要手段，体现了诚信的时代价值和现实意义。加强社会主义社会诚信建设就是要用社会主义核心价值体系引领社会诚信，使社会诚信成为人们日用而不觉的价值观念，成为国家治理方式的重要德性支撑。

一、"守诚信"是中华民族的传统美德

习近平在中央政治局第十三次集体学习时指出，"深入挖掘和阐发中华优秀传统文化讲仁爱、重民本、守诚信、崇正义、尚和合、求大同的时代价值，使中华优秀传统文化成为涵养社会主义核心价值观的重要源泉"。汲取中华民族"守诚信"的优秀道德传统，挖掘和弘扬其时代价值，是丰富、培育和践行核心价值观的应有之义和重要举措。

诚信就是言行一致、表里如一，恪守信用、遵守承诺。"诚"就

是要按照事物的本源去认识事物，依据事情本真与人交往，是一种真实不虚假、诚实不欺骗的优良品格，是一个人养心修德的根本。"信"即"人言"，是以"诚"为本的交往方式，是语言真实基础上确立的说话算话、信守承诺的行为方式。说话真实是"信"的语言规范，信守承诺是"信"的行为要求。"与朋友交，言而有信"（《论语·学而》），"与国人交，止于信"（《大学》）正是这种语言规范和行为要求的精辟概括。

在中华民族优秀传统文化中，守诚信是为人处世、行为规范和选贤治国等一切社会关系的根本。其一，守诚信是人际交往的行为规范。传统文化中，诚信是个体超越自身私利的重要德性，荀子说，那些"言无常信，行无常贞，惟利所在，无所不倾"的人，是地地道道的小人。诚信能够体现一个人的德性力量，《墨子·七患》中说"志不强者智不达，言不信者行不果"。所以，守诚信是具有德性的君子所为，孔子教导弟子"吾日三省吾身：为人谋而不忠乎？与朋友交而不信乎？传不习乎？"（《论语·学而》）与人交往的诚信、做事的尽忠（尽力）和学问的践行是每天必须思考的事情。孔子把"文、行、忠、信"这四个内容教给学生，就是教人成人，教人为善。其二，守诚信是社会有效运行的文化秩序。《吕氏春秋·贵信》中描述了一个社会诚信缺失的严重后果，"君臣不信，则百姓诽谤，社稷不宁。处官不信，则少不畏长，贵贱相轻。赏罚不信，则民易犯法，不可使令。交友不信，则离散郁怨，不能相亲。百工不信，则器械苦伪，丹漆染色不贞"。所以，诚信体现了社会治理的文化力量，我国传统社会形成了"仁、义、礼、智、信"纲常伦理，其中，守诚信是做人为政之根本。孔子把"足食""足兵"和"民信"作为治国的三大法宝，三者之中"民信"最为重要。"民信"即公信力，它能够保持良好的政务关系和文化秩序，是国家治理能力的重要体现。其三，守诚信就是维护公平正义的道德力量。孔子在回答子贡"何为士？"这个问题中说道，"言必信，行必果，硁硁然小人哉"（《论语·子路篇十三》），"言必信"还不是真正意义上的"诚信",因为它必须符合"义"的前提。所以,孟子说,"大人者,言不必信,行不必果,惟义所在"(《孟子·离娄章句下》)。传统社会中,正义固然有其阶级局限性,但守诚信体现的超越个体一己私欲,维护共同利益的价值取向,仍然彰显着向善的力量。所以,言行一致,恪守诚信是中华民族的优良道德传统,这个传统构成了中国人独特的精神世界。

二、诚信是体现社会文化秩序的美好德性

从表面上看,诚信是品性诚实和行为守信的统一。但它不是抽象的道德理念,而是特定社会活动中的具体规范。诚信是社会主义核心价值观在个人层面的价值准则,体现了个体向善的道德品性,是维护社会价值目标和价值取向的美好德性。

"诚"是以"实"为基础的主体修养。诚就是应当按照事物的客观状态去认识事物、改造事物,依据事物本真与人交流、与人交往。"诚"体现了不自夸、不自贬的"适度"德性。"适度"是"诚"的重要德性规定,在交往过程中,真实地表现自我和表达自我,即为诚实。夸大或贬低真实的自我,都是不诚实。"诚"还是不自欺、不欺人的主体修养。不自欺就是尊重自己的真实状态,知之为知之,不知为不知,体现的是精神领域的自由。不欺人是社会交往的主要准则,与人交往过程中表现真实的自我,不隐瞒自己的观点和想法,不歪曲、不掩盖事实真相。因此,不管是不自欺还是不欺人,都是基于社会真实的主体修养。

"信"是以"诚"为根据的交往方式,是语言真实基础上确立的说话算话、信守承诺的行为方式。说话真实是"信"的基本规范,但"信"远不止于此,它还要求在行为上信守承诺。"信"是基于一定的交往方式而产生的。"与朋友交,言而有信"(《论语·学而》),"与国人交(《大学》),止于信","信"存在的前提是人和人之间的交往方

式。正是因为人在交往中的互助而共同获利，于是在交往过程中要求彼此履行责任、信守承诺。"信"是社会道德法则的客观精神，它体现了社会发展的有序状态，对于维护社会秩序具有重要的意义。这种意义是由于"信"是以"义"为前提的向善价值。"义"，即公平正义，是共同体的整体利益或公共利益，它可以超越个体的一己私利，确保共同体中个体的平等权利。在"信"与"义"冲突的境遇中，"信"只有服从"义"，才是真正意义上的"诚信"。

"义"也就是区分诚信社会性质的核心价值。阶级社会中的"义"都是统治阶级意志的体现，其目的为了维护统治阶级的利益。"彼窃钩者诛，窃国者为诸侯；诸侯之门而仁义存焉"（《庄子·胠箧》），这充分体现了封建社会诚信的阶级本质。在社会主义社会中，"义"体现为无产阶级的阶级性，即人民性，即"取信于民"就是"义"的标准。在我国的革命、建设和改革时期，我国的路线、方针、政策都是围绕人民的核心利益来确定和执行的，国家富强、民族振兴和人民幸福始终是党和人民不懈追求的目的。因此，社会主义社会诚信，具体来说，就是对无产阶级和劳动人民无限的信赖，对社会主义祖国的无限忠诚，对党的领导的信任和对实现"中国梦"的坚定信念。

所以，诚信是一个包含"实""诚""信""义"的意义系统。它们有机结合于特定的社会运行结构中，在社会发展和个人生活中发挥着文化秩序的作用。

三、诚信是维护社会和谐有序的制度规范

习近平在《之江新语》中说，"人而无信，不知其可；企业无信，则难求发展；社会无信，则人人自危；政府无信，则权威不立"[①]。因此，诚信体现了社会的发展诉求，对于维护社会和谐有序具有重要的

---

① 习近平：《之江新语》，浙江出版联合集团、浙江人民出版社2013年版，第18页。

制度规范作用。"制度"原是指要求社会成员共同遵循的办事规程和行动准则。它包括调节人与人、人与社会关系的风俗、习惯、道德、法律、戒律、规章等的总和，大致由非正式约束、国家规定的正式约束和实施机制等部分组成。诚信制度是对社会成员的诚信行为进行规约的规程、准则和规范，是诚信道德的制度化和规范化。从根本上说，诚信制度是相对于道德品质的"自觉性"，它是能够体现"强制力"的规范。不仅包括成文的诚信规约，也包括不成文的风俗习惯等。

从伦理维度看，诚信是一种特殊的道德规范。诚信是基于人的社会性而形成的美好德性，它使人实现了从自在状态向社会状态的发展，完成了从个体权利关注到社会责任承担的转变。诚信用人的"社会性"规范人的"自然性"，达到"合社会"的发展状态。只有每个个体自觉承担起诚实守信的责任和义务，他们才能拥有这种规范赋予个体的权利和利益。诚信作为"修己"的道德品质，可以把"自我"和"他人"、"个体"和"社会"有机地统一起来，从而获得社会的意义。从社会角度看，诚信赋予每个人的权利和义务具有对称性，他人要求主体自我履行诚信义务，"我"的存在也成为他人诚信的道德约束。从个体角度看，诚信具有非功利性，个人的诚信品质源于自我的道德律令，与功利的交换没有必然的联系。一旦个人的诚信建立在对他人诚信期望的基础上，它便失去了道德维度的存在价值，进入了"法律规范"之中。

从法律维度看，诚信是一条固有的法律原则。随着生产的发展和交往的扩大，不诚信的行为可以使一部分人获得更多的利益，而又不会带来相应的惩罚。于是，道德律令的威力就被现实的利益所打败，道德情感也随之烟消云散。当道德律令不能再支撑诚信品质，道德情感不能再维系诚信行为的时候，社会诚信就必须摆脱"柔性"的道德约束，进入"刚性"的法律规范之中。作为法律的诚实守信原则，是当事人在社会活动中讲信用、守诺言、诚实不欺，在追求自己利益的同时不损害他人和社会利益，从而达到法律关系主体之间以及与社会之间的利益平衡。具体来说，一方面，法律关系主体在行使权利，或者法律关系在产生、变更和消灭的过程中，应当诚实无欺，不损害他人和社会利益；另一方面，法律关系主体要恪守信用，履行义务，不履行义务而造成的损失要承担相应的法律责任。

从经济维度看，诚信是市场运行的客观规律。商品经济不发达的初期，欺诈或不诚信可以获取一些利润，但当市场发展到有序规范的状态，诚信就获得了胜利。这种胜利与其说是伦理的，不如说是经济的。因为市场经济自身蕴含了那种诚信的客观规律。的确，不诚信可以从短暂的、偶尔的商品交易中获取利益。但是，当一切市场要素达到了充分竞争的时候，一切市场主体实现了地位对等的时候，诚信就成为无形的但也是无价的资本。诚信的这种客观规律性，只容遵循，而不能违背，否则就会被淘汰出局。也正是从这个意义上讲，诚信是市场经济必须遵循的、不可更改的运行秩序。

四、研究社会主义社会诚信建设是重要的时代课题

社会主义社会诚信建设，从根本上来说就是用社会主义核心价值体系来引领社会诚信建设。社会主义核心价值体系是我国社会主义意识形态的核心，体现了我国社会主义文化建设的先进方向。其中，社会主义核心价值观凝聚全党全社会价值共识，它是社会主义核心价值体系的高度凝练和集中表达，体现了社会主义核心价值体系的基本内核。它集中表达了中国特色社会主义社会的价值目标、价值取向和价值准则。社会主义核心价值观是社会诚信建设的理论指引和价值向导。当前，社会主义的社会诚信建设主要领域涉及政务诚信、商务诚信、社会诚信和司法公信四大领域。这里的"社会"是一个广义的观念，是一个包括政治、经济、文化、社会和生态"五位一体"的立体系统。狭义的社会诚信，是"诚信原则"在公共活动领域中的具体体

现，是社会文明程度的重要指标。本书主要采用广义的诚信界定。

从社会主义核心价值体系视角来看待和剖析我国社会诚信的问题，分析社会主义核心价值体系和社会诚信之间的理论逻辑关联和现实互动关系，对东西方主流意识形态中的社会诚信建设进行了批判、传承和借鉴。以此为基础，梳理改革开放以来我国社会文化变迁中的诚信建设的主要经验和存在的问题，针对这些不足和教训，提出具体切实可行的诚信建设的原则、方法和具体措施。

第一部分，社会主义核心价值体系引领社会诚信建设的理论界说。第一，厘定了诚信、社会诚信等基本概念，划清本研究的理论边界；探讨了社会诚信的经济社会基础、生态文化背景和具体发生机制。第二，分析了社会诚信的建设系统。分别研究了政务诚信、商务诚信、社会诚信和司法公信在诚信建设体系中的地位和作用，分析了社会诚信建设的经济社会基础，提出了客观看待我国社会诚信现状的具体标准。第三，阐述了当下我国进行社会诚信建设的重要意义。诚信建设不仅是治理社会领域突出道德问题的应有之义，也是发展社会主义先进文化的必然要求，对于发展经济、促进民主和维护社会和谐都具有重要的意义。

第二部分，对中西方主流意识形态中社会诚信建设的继承与借鉴问题进行了探讨。第一，中国传统文化中社会诚信建设的继承与发展。分析了我国传统文化中的社会诚信文化、诚信观和诚信案例；梳理了传统文化中诚信习俗、诚信规约、诚信风尚等变迁过程；探讨了我国传统诚信美德的培育问题。第二，西方价值体系中的社会诚信建设的批判及借鉴。分析西方社会诚信观与社会诚信文化，探讨西方社会诚信制度的变迁和西方社会诚信的培育问题。第三，分别从诚信文化、诚信观和诚信培育三个维度比较东西方社会诚信建设的异同，为当前我国社会诚信建设提供可以借鉴的经验教训。

第三部分，考察改革开放以来我国社会诚信的建设历程。第一，梳理改革开放以来我国社会诚信的发展历程。分别在邓小平理论、

"三个代表"重要思想和科学发展观等主流文化体系发展中分析社会诚信的理论进程和建设实践。第二，总结我国改革开放以来社会诚信建设的成就和经验。具体表现为，社会诚信建设思想不断丰富、社会诚信教育活动持续开展、社会诚信运行机制日益健全、社会诚信保障体系逐步完善。第三，社会诚信建设存在的主要问题。即诚信主体教育较为薄弱、社会诚信评价缺乏客观标准、社会诚信建设缺乏联动机制、社会诚信建设法治环境有待加强、社会征信系统尚未完全建立等。

第四部分，分析了社会主义核心价值体系与社会诚信建设的逻辑关系。第一，社会主义核心价值体系是社会诚信建设的理论指南。社会主义核心价值体系为社会诚信建设指明了应遵循的价值取向、价值标准和应采取的方法途径。第二，社会诚信建设丰富了社会主义核心价值观的内涵。社会诚信建设为经济社会发展提供了支撑，彰显了社会主义社会的基本理念，构成了全民基本的道德规范。第三，社会诚信建设能够促进社会主义核心价值观的培育和践行。社会诚信教育是社会主义核心价值观教育的重要内容，社会诚信体系建设为社会主义核心价值观建设提供支撑，社会诚信环境是培育和践行社会主义核心价值观的条件和基础，社会诚信建设有利于开展涵养社会主义核心价值观的实践活动。

第五部分，社会主义核心价值体系引领社会诚信建设的原则和任务。第一，基本原则是要坚持以人为本的社会诚信建设理念、以社会主义核心价值体系为导向、诚信教育与诚信实践活动相结合、社会诚信文化建设与社会主义道德建设相结合、整体推进与重点建设相结合、倡树诚信典型与惩戒失信行为相结合等原则。第二，主要任务有以下几个方面：培养社会成员正确的人生观和价值观、培育以"诚信为荣、失信为耻"为核心的社会诚信观、构建以社会主义核心价值体系为引领的社会诚信制度体系、营造诚实守信的社会文化氛围、以社会诚信文化建设为载体推进社会主义道德文化建设等。

　　第六部分，社会主义核心价值体系引领社会诚信建设的实施路径。第一，在全社会开展社会主义核心价值体系教育，打牢社会诚信建设的思想基础；第二，深化群众性精神文明创建活动，培育社会诚信风尚；第三，积极拓展各类社会诚信建设实践活动，提高社会成员社会诚信意识和社会责任感；第四，加强舆论引导，充分发挥诚信模范典型的示范带动作用；第五，加强社会诚信制度体系建设，为社会诚信建设提供制度保障；第六，构建覆盖全社会的征信系统，促进诚实守信社会氛围的形成。

第一章　社会诚信建设的理论界说

改革开放三十多年的社会实践使中国社会的各个领域都发生了重大变迁。这种以经济建设为中心的社会发展模式，使社会财富迅速增加的同时，也产生了一定的文化危机。社会的存在秩序和文化生态的断裂，使得道德相对主义盛行，道德失范和诚信缺失等现象不断漫延。因此，从社会主义核心价值体系的角度对社会诚信建设进行研究是一项重要的时代命题。

第一节　诚信和社会诚信的概念界定

"诚信"和"社会诚信"作为本研究的基本范畴，是探讨"社会主义核心价值体系引领社会诚信建设"这个理论之网的基本纽结。因此，对其进行理论分析，充分认识其理论实质和表现形式，是进行研究的首要问题。

一、"诚信"的概念剖析

"爱国、敬业、诚信、友善"是社会主义核心价值观在公民个人层面的价值准则，既体现了个体向善的品性，也体现了社会发展的诉求。其中，"诚信"是其重要组成部分，即"诚"与"信"的有机结合，是品性诚实和行为守信的统一。从整体上看，诚信不仅是个人的道德品质，也是社会的客观精神；不仅反映了个体向善的德性，也体现了社会秩序的力量。

（一）"诚"是以"实"为基础的主体修养

"诚信"中的"诚"是以"实"为前提，是"信"的基础。体现了不自夸也不自贬的"适度"德性，是一种不自欺、不欺人的主体修养。

"诚"具有本体的存在意义。朱熹说："诚者，真实无妄之谓""诚者何？不自欺不妄之谓也"（《朱子类语》卷119）。"诚"就是指真实不虚假，诚实不欺骗。"诚"内含"实"的意味，也即诚实。"实"即客观存在的本真，它是"诚"存在的依据。诚就是应当按照事物客观状态去认识事物、改造事物，依据事物本真面貌与人交流、与人交往。从本体论上看，"诚"所依据的"真实"是客观规律，只有依据客观的、内在的、必然的联系，才能做到不欺罔；从认识论上看，"诚"所依据的"真实"是真理性，即绝对真理与相对真理的统一。

"诚"是不自夸、不自贬的"适度"德性。"适度"是重要的德性范畴，在交往过程中，真实地表现自我和表达自我，即为诚实。如果夸大或贬低真实的自我，都是不诚实的，诚实是社会交往方面的适度，它涉及交往的真实与虚伪。"自夸的人是表现得自己具有某些受人称赞的品质，实际上却并不具有或具有的不那么多；自贬的人是表现得自己不具有他实际上具有的品质，或者贬低他具有的程度；有适度品质的人则是诚实的，对于自己，他在语言上、行为上都实事求是，既不夸大也不缩小。"[1]

"诚"是不自欺、不欺人的主体修养。"诚"首要的是不自欺，尊重自己的真实状态，知之为知之，不知为不知。不自欺是不加掩饰地

---

① ［古希腊］亚里士多德：《尼各马可伦理学》，廖申白译，商务印书馆2003年版，第119页。

生活，是"思想自我"和"现实自我"的有机统一。尽管这种观点带有浪漫主义色彩，但"真性情"地表现自我始终是人精神追求的主要自由之一。如果说不自欺体现的是个人精神领域的自由的话，不欺人则是社会交往的主要准则。与人交往过程中表现真实的自我，不隐瞒自己的观点和想法，不歪曲、掩盖事实真相。相比较"不自欺"来看，"不欺人"是衡量一个人诚实与否的主要社会标准。因此，不管是不自欺还是不欺人，从根本上说都是基于社会真实之上，在个人主体中表现出来的德性修养。

（二）"信"是以"诚"为根据的交往方式

"诚信"中的"信"是建立在"诚"基础上的言行规范。"信"即"人言"，是语言真实基础上形成的说话算话、信守承诺的表现方式。语言方面的说话真实是信的基本要求，但"信"远不止于此，它还要求在行为上信守承诺。

"信"是基于一定的交往方式而产生。如果说"诚实"是个人品德的话，"守信"则是社会交往中产生的。我国传统文化中就强调交往中"信"的作用，如"吾日三省吾身：为人谋而不忠乎？与朋友交而不信乎？传不习乎？"后来发展为"五伦"存在的"朋友有信"。可见，"信"存在的逻辑前提就是人和人之间特定的交往方式。正是因为人与人要通过一定的交往方式，才能获得共同的利益。因此，在交往的过程中要求彼此信守诺言。一旦一些人基于个人私利而违背了诺言，而又缺乏相应的惩罚措施的话，这个共同体则不会持久地维持下去。因为"信"的目标是基于诚实而形成的良好秩序，当"劣币驱逐良币"的时候，就需要加强社会监管和相应的惩罚措施。

"信"是社会道德法则的客观精神。正是因为"信"而成就的共同利益，因此，"信"被赋予更多"客观精神"的意味。我国传统社会形成了"仁、义、礼、智、信"纲常伦理，孔子还把"文、行、忠、信"教给学生。所以，信成了做人为政之根本。西方社会"信"的形成，则是基于"契约"精神。从古希腊的城邦中的"债务"开始，就形成了特定的契约关系。其后，《圣经·旧约》中说上帝与人类"立约"。到了近现代，诚信已经成为自然法和社会契约论的一个重要原则。这个原则体现了"文化秩序"，是社会发展的一种有序状态。邹建平在其《诚信论》开篇就讲"诚信的本体是基于现代信用制度的人道的文化秩序。"① 诚信作为维护社会秩序的客观精神，对于社会的运行具有重要的价值和意义。

"信"是以"义"为前提的向善价值。"义"，即正义，它体现的是共同体的整体利益或公共利益，它可以超越个体的一己私欲，确保共同体中每个个体平等的权利。"信"是要以"正义"为前提的，才是真正意义上的诚信。比如孔子在回答子贡"何为士？"这个问题中说道，"言必信，行必果，硁硁然小人哉"（《论语·子路篇十三》），"言必信"还不是真正意义上的"诚信"，因为它必须符合"义"的前提。正如孟子所说，"大人者，言不必信，行不必果，惟义所在"（《孟子·离娄章句下》）。关于这个问题，东西方的先哲们认识是一致的，比如《理想国》记载，苏格拉底在和刻法洛斯的对话中认为"有话实说，有债照还"并不是真正意义上的诚信状态，原因就在于"有说实话，有债照还"还涉及更高层面的社会正义问题。苏格拉底举例说，假如一个朋友在头脑清醒的时候，曾把武器交给你，但后来他疯了，再跟你要回去，任何人都会说不能还给他，如果还给他了，那倒是不正义了。② 当"信"与"义"冲突的时候，"信"只有服从"义"，才是真正意义上的"诚信"。

综上分析，诚信是一个内涵丰富的道德范畴，其中包含着"实""诚""信""义"四个意义系统。"实"即真实，是以客观实在为前提，是一种自然法则；"诚"即诚实，是以真实为基础，体现了人的内心法则；"信"即守信，是以诚实为基础，体现了社会的客观精神；

---

① 邹建平：《诚信论》，天津人民出版社 2005 年版，第 1 页。
② ［古希腊］柏拉图：《理想国》，郭斌、张竹明译，商务印书馆 1986 年版，第 6 页。

"义"即正义，是以诚信为基础，体现了社会向善的价值取向。在不同的社会体系中，诚信具有不同的表现方式。四者有机结合于特定的社会运行结构，在个人生活和社会发展中发挥着文化秩序的作用。

二、社会诚信的理论界定

"诚信"不是一种抽象的理论形态，它在不同社会中有不同的表现方式。诚信在个体精神领域，表现为一种诚信品质，是道德品质的重要组成部分；在社会文化领域，表现为一种社会诚信，是社会意识的有机组成部分。

（一）从伦理维度看，诚信是一种特殊的道德规范

社会诚信是基于人的"社会性自我"而形成的一种德性生活，正如斯宾诺莎在《伦理学》中所说："德性的基础即在于努力保持人的自我存在，而一个人的幸福即在于他能够保持他自己的存在。"自我存在首先是指人的真实的存在，"一个人企求幸福，企求行为正当，企求合理生活，总是同时希望活着，希望行动，希望生活——换言之，希望真正地存在""努力自我保存，是德性首要的、唯一的基础"①。所以，人的自我存在，应该是一种超越了动物意义上的社会性存在，而社会诚信等这些美好的德性则可以使人实现了从自然状态向社会状态的发展，使人完成了从个体权利的关注到社会义务的承担的转向。

作为道德规范存在的社会诚信基于个体独立的自我意识而产生。"自我"是人类主观精神产生的本源，每个"自我"都客观地包含着个体和社会两种规定性。自我的个体规定性是人作为独立的自然存在物，具有不同于其他个体的独特性，比如"身体"的自我意识等，这

---

① Spinoza, *Improvement of The Understanding*, *Ethics and Correspondence of Benedict de Spinoza*, Dover publications, inc., 1955, pp. 201. 203—204.

种自我意识更多的是一种生物本能的反映。自我的社会规定性是个体作为社会共同体的组成部分存在，而具有角色担当的意识。这种自我的个体规定性和社会规定性，也即米德所说的客我（me）和主我（I）。"客我体现着代表共同体中其他人的那一组态度""当个体吸取了他人的态度时，他才能够使他自己成为一个自我"。① "客我"就是从社会的角度来定位自我的存在，它体现了自我之中的社会性规定。正是由于"客我"的意识，社会诚信这种道德规范才具有伦理的意义，才成了社会控制的一种重要方式。此外，社会诚信作为一种美德，它更多体现的是"客我"对"主我"的约束和控制，用人的社会性引导和压制人的自然性，从而达到一种"合社会"的发展状态。所以，社会诚信，就是处在一定社会共同体中的个人所承担于自己角色相应的权利和义务的规范要求。

个体承担诚实守信的责任和义务，是作为道德规范的"社会诚信"在个体德性方面的表现方式。个体自我不是抽象和空洞的，它需要在社会规范系统中，通过共同体成员的互动和交往体现出来。社会诚信就是社会规范系统赋予共同体中每个个体的责任和义务，只有个体都承担起诚实守信的责任和义务，他们才能够拥有这种规范给予个体的权利和利益。正如《论语·宪问》所说的"修己以安人"。诚信作为修己的道德品质，可以把"自我"和"他人"、"个体"和"社会"有机地联系和统一起来，从而获得社会的意义。社会诚信首先具有"安己"本体论的意义，"自我"成为道德规定的存在，然后它又通过与他人的交往关系表现了道德自我的实现方式。因此，社会诚信是一种向善的道德规范，它内含了"人是目的"的人道原则。从社会整体的角度看，诚信关系赋予每个人的权利和义务具有对称性，他人的存在要求"自我"履行诚信义务，"我的存在"也成为他人诚信的道德命令。从个体自我的角度看，诚信关系又具有非功利性，个人的

---

① ［美］米德：《心灵、自我与社会》，赵月瑟译，上海译文出版社1992年版，第172—173页。

诚信品质源于自我的道德律令，与功利的交换没有必然的联系。一旦个人的诚信是建立在对他人诚信期望的基础上，那它便失去了道德维度的存在价值，进入了"法律规范"的范畴。

（二）从法律维度看，诚信是一条固有的法律原则

随着生产的发展和交往的扩大，非诚信的行为可以使一部分人获得更多的利益，而又不会带来相应的惩罚。于是，道德律令的威力就被现实的利益所打败，道德情感也随之烟消云散。当道德律令不能够再支撑诚信品质，道德情感不能再维系诚信行为的时候，社会诚信就必须摆脱"柔性"的道德约束，进入"刚性"的法律规范之中。

作为法律原则的社会诚信是道德要求的法律表现，是从社会道德习俗中逐步发展而来的。人们在社会交往过程中，恪守诺言，诚实不欺，在不损害社会整体利益的前提下，追求自身利益的最大化，本是社会交往的道德习俗。但随着生产的发展和交易范围的扩大，不诚信的行为会获得更多的不平等交易的好处，而没有承担相应的惩罚。所以，社会诚信就进入了法规刚性规定之中。在商业传统比较发达的早期西方社会，在罗马法阶段就开始了"诚信契约"和"诚信诉讼"。诚信契约要求债务人具有诚信的责任，承担善意诚信的义务，否则将会遭受"诚信诉讼"。它不仅可以根据合同确立的权利义务关系，而且还可以根据债务人是否尽到善良诚信义务而确定相应的责任。到了近现代，随着经济社会的迅速发展，立法开始采用了严格规则和自由裁量相结合的新方式。之后大致经历了近代民法和现代民法等发展阶段，到 1900 年施行的《德国民法典》第 157 条已经明确规定："契约应斟酌交易上之习惯，遵从诚信以解释之"。第 242 条也明确规定："债务人负有斟酌交易上之习惯，遵从信义，以为给付之义务"。1907年的《瑞士民法典》第 2 条也明确规定，"任何人都必须诚实、信用地行使权利和履行义务"。从此，诚实守信确立了在大陆法系中的基本原则地位。在我国，随着改革开放和市场经济的发展，诚实守信原则在民商法领域中也具有重要的作用。《民法通则》第 4 条规定："民事活动应当遵循自愿、平等、等价有偿、诚实信用的原则"，《合同法》第 6 条规定："当事人行使权利、履行义务应当遵循诚实信用原则。"2012 年全国人大常委会通过的《民事诉讼法》修正案第 13 条规定："民事诉讼应当遵循诚实信用原则；当事人有权在法律规定的范围内处分自己的民事权利和诉讼权利。"因此，诚实守信原则已经成为从事民事活动，完善立法机制和推动司法公正的基本原则。

作为法律原则的社会诚信，即诚实守信原则。它是指当事人在社会活动中应讲信用，守诺言，诚实不欺，在追求自己利益的同时不损害他人和社会利益，从而达到法律关系主体之间的利益以及法律关系主体与社会之间利益的平衡。具体来说，一方面，法律关系主体在行使权利，或者在法律关系产生、变更和消灭的过程中，应当诚实无欺，不损害他人和社会利益；另一方面，法律关系主体要恪守信用，履行义务，不履行义务而造成的损失应承担法律责任。诚实守信是立法的价值原则，具有高度的抽象性。诚实守信自身作为价值追求，并不涉及过多而具体的权利义务规定，在内涵和外延方面都具有较大的不确定性，体现了该原则的极大弹性。司法机关可以拥有更多的裁量权，据以排除当事人的意思自治，直接调整当事人的权利义务关系。当然，诚实守信原则具有法律调节和道德调解双重功能。诚实守信既是作为法律原则而存在，但仍具有一定的道德诉求。"诚信可分解为客观诚信与主观诚信，客观诚信是一种课加给主体的行为义务，该义务具有明显的道德内容；主观诚信是主体对其行为符合法律或具有合道德内容的个人确信，二者可以统一于一般诚信。"[①] 因此，诚实守信原则作为社会诚信在法律体系中的表现，它与诚信道德规范一起，具有维护社会公平正义的效用。

（三）从经济维度看，诚信是市场运行的客观规律

市场经济是商品的生产、分配、交换和消费完全由市场的自由价

---

① 徐国栋：《诚实信用原则二题》，《法学研究》2002 年第 4 期。

格机制所引导的一种经济体系。市场经济是商品经济发展的高级阶段，是由市场对资源进行调配的经济形态，这种经济形态的生产和交换都是需要以诚信为前提的。

市场经济是在社会诚信的规则中逐步发展起来的，它是市场经济形成良好秩序的基础。商品经济不发达的初期，欺诈和不诚信可以获取一些利润和好处。正如马克思指出，"只要商业资本是对不发达的共同体的产品交换起中介作用，商业利润就不仅表现为侵占和欺诈，而且大部分是从侵占和欺诈中产生的"。[①] 商业资本的逐利本性，决定了它可以采用任何方式和手段获取利润，道义性质的诚信规范似乎在利益面前显得非常脆弱。但随着商品经济的发展，特别是社会化大生产的展开，诚信的价值逐步彰显出来。"现代政治经济学的规律之一（虽然通行的教科书里没有明确提出）就是：资本主义生产越发展，它就越不能采用作为它早期阶段的特征的那些小的哄骗和欺诈手段"。但是，随着大工业的发展，"玩弄这些狡猾手腕和花招在大市场上已经不合算了，那里时间就是金钱，那里商业道德必然发展到一定的水平，其所以如此，并不是出于伦理的狂热，而纯粹是为了不白费时间和辛劳"。[②] 于是，当市场经济发展到秩序状态的时候，社会诚信就获得了胜利，这种胜利与其说是伦理的，不如说是经济的。因为经济本身就蕴含了那种诚信的客观规律。的确，不诚信可以从短暂的、偶尔的商品交易获取利益，但当一切市场要素充分竞争的时候，一切市场主体地位对等的时候，社会诚信就成为无形的但也是无价的资本。社会诚信的这种客观规律性，只容遵循，而不能违背，否则就会被淘汰出局。也正是从这个意义上讲，诚信是市场的经济主体必须遵循的、不可更改的社会秩序。"只要涉足于那一系列的市场关系，资本主义经济就会迫使他服从于资本主义的活动准则。假如一个制造商长期违

---

① 《马克思恩格斯文集》第 7 卷，人民出版社 2009 年版，第 368 页。
② 《马克思恩格斯文集》第 1 卷，人民出版社 2009 年版，第 366 页。

犯这些准则，他就必然要从经济舞台上被赶下去，正如一个工人若不能或不愿适应这些准则就必然被抛到街头成为失业者一样。"①

　　社会诚信在市场经济中表现为商品交易的等价交换，它是市场经济规律产生作用的基础。市场经济的供求规律、竞争规律和价值规律都是以等价交换为前提才能发挥作用的。因为交换是社会生产总过程的中间环节，是生产者之间、生产与分配、消费关系之间的桥梁。它既包括人们在生产中活动和能力的交换，也包括产品和商品的交换。大致来说，社会诚信作为市场经济的基本规律，主要表现为以下三个方面：一是生产领域，保持劳动者在分工、协作过程中所进行的管理、活动和能力的诚实交换，促进生产过程中各道工序之间的原材料或半成品的货真价实，杜绝假冒伪劣产品的生产。二是流通领域，产品进入消费领域之前，在产品生产、运输、包装、保管等过程中的等价交易，信守合同和债务关系，保持自己良好的信誉。三是在消费方面，保证商品进入最后消费领域过程中的公平交换，避免价格欺骗、虚假广告、促销陷阱和商业欺诈等。总之，社会诚信作为市场经济运行的基本规律，就是在保证处理市场行为时体现出来的公正公平的交易状态。当然，这种理想状态，只有当市场经济发展到充分竞争、主体对等、信息透明的时候，才会成为所有经济主体共同遵循的准则。

三、社会诚信的发生机制

　　社会诚信作为客观精神现象，具有其发生的内在机理。社会诚信发生的前提条件是处于交往实践活动中的现实的人，他们可以基于个体内在的道德律令即"良心"而产生的"善"的价值追求，即诚信会产生愉悦的情感体验；在人的交往过程中，既可以为了"责任"和

---

　　①　[美] 马克斯·韦伯：《新教伦理与资本主义精神》，于晓、陈维纲译，陕西师范大学出版社2006年版，第16页。

"名誉"而发生责任诚信，也可以给予利害成本计算而产生工具诚信。

（一）客观前提：交往关系

"诚实"不是抽象的道德品质，它需要基于一定的社会关系才能确认和衡量；"守信"也不是空洞的行为规范，它需要基于特定的交往关系才能存在和表现。因此，不管是诚实的品质还是与人交往的信任关系，都需要基于社会交往才能够产生。

诚信作为人类特有的道德生活，在本质上是对人们社会关系的认识和反映，它的产生必须以人类社会关系的形成为前提。社会诚信作为社会意识是没有自己独立的发展历史的，从根源上来说，它是同人们的物质生产活动交织在一起的。"它们没有历史，没有发展，而发展着自己的物质生产和物质交往的人们，在改变自己的这个现实的同时也改变着自己的思维和思维的产物。"① 随着生产的发展，"分工"的独立状态从根本上改变社会生产生活方式，人与人通过分工的方式结成了各式各样的社会关系。在各种关系的交互过程中，诚实和守信成为共识性的交往原则。这样，逐步在物质生产和交换、政治监督和管理、社会生活和交往等领域形成了社会诚信的存在必要性和现实可能性。其一，作为物质生产和交换活动的商务关系，从一开始就存在交易的互惠性问题，相互信任成了交易能够继续的重要原因。随着交易范围、交易规模和交易数量的扩大，特别是采用了市场的方式之后，人与人的关系，从表面上看被人与物的关系所遮蔽，客观上为不诚信行为提供了生长的温床；但随着市场经济的成熟和规范，经济人和理性人培育的完成，商务诚信一定会重新成为共同信奉的基本原则。其二，作为政治监管和管理的政务关系，是人类借助于公共权力，把冲突维持在特定范围内的过程与方式。它把"利益分歧和冲突限制在一定范围之内并使之秩序化，使追求利益的积极行为得以持续进行"。②

① 《马克思恩格斯文集》第 1 卷，人民出版社 2009 年版，第 525 页。
② 赵虎吉：《什么是民主政治》，《学习时报》2004 年第 181 期。

这种解决冲突的办法是通过公共权力体现出来的。一方面，人们通过契约的方式把权利授予政务部门，使其获得公共权力；另一方面，他们通过公共权力对社会冲突进行管理，化解社会矛盾。因此，政务活动中的诚信，是一种蕴含于政治交往关系中的必要规约，无论哪个方面的诚信缺失，都会导致政治关系的危机。其三，社会诚信是在公共交往关系中形成的。离开了公共交往关系，社会诚信就失去了必要的载体和依靠。随着经济社会的发展，人的社会活动主要体现在社会公共领域、职业生活领域和家庭生活领域，分别体现了公共交往关系、职业交往关系和家庭交往关系。正是这些关系的存在，才为社会诚信、职业诚信、家庭诚信提供了客观依据。其四，司法公信是在法律交往关系中形成的。法律体现了共同体的集体利益，司法公权力表面上看是民众与法律之间的关系，实际上也体现了人与人、人与社会、人与自然之间的关系。司法公信是公平正义在社会领域的基本保证。

此外，交往关系还决定了社会诚信的具体性质和发展状况。当前，有人认为社会诚信就是社会公共道德一部分，它只是反映人的文化素养和社会进步程度的"非核心"德性。其实，这种观点只是看到了社会诚信作为道德现象中"诚实"的要求，而没有发现"诚实"背后的"信义"规定，即社会诚信中的"公平正义"的逻辑假设和理论前提。因此，有些人就用西方公民诚信的较高素养，否定中国社会诚信的先进性。在这里，我们应该充分认识到社会诚信作为社会道德规约，既有"完备与否"的数量差异，更有"阶级立场"的性质对立。所以，要在交往关系中看到社会诚信的性质差异和发展程度。一方面，交往关系决定了社会诚信的性质。任何社会的诚信状况从根本上，都是为了维护统治阶级的利益。比如《庄子·胠箧》中说，"彼窃钩者诛，窃国者为诸侯；诸侯之门而仁义存焉"。"窃钩"和"窃国"，同样都是盗窃这种严重的不诚信行为，但对于不同的阶级却有截然不同的规定性。同样，在资本主义社会中，资本家把无偿占有工人的剩余价值的严重不诚信行为赋予了正义的道德外衣，对于工人而言，所谓的诚信只是在公共生活中的道德意识而已。只有到了社会主义社会，社会诚信才是真正意义上的社会公正的体现。另一方面，还应该看到社会诚信还有"完备与否"的数量差异。西方社会经过多年的发展，公民的诚信素养和社会诚信规约都相对比较完善。从这个方面来讲，我国的社会诚信还需要在社会交往关系中继续发展。

（二）内在律令：德性与良知

社会诚信是基于个体内在的道德律令而产生的，只有基于"道德律令"而存在的诚信，才具有道德意义上的"善"的价值。亚里士多德说，如果一个人"在无关紧要的时候都爱讲真话，在事情重大时就更会诚实。他会拒绝不诚实行为，认为那是耻辱，因为他往后不论后果怎样都是不曾做事不诚实"。① 所以，诚信这种道德品质是在"荣辱"的道德情感体验中产生的，这种体验则主要依据"良心"而起作用。

良心在我国传统文化中，也被叫作良知。《孟子·尽心上》中讲到"人之所不学而能者，其良能也；所不虑而知者，其良知也"。王守仁对这种良知做了充分的阐述，《传习录》卷中说"若鄙人所谓致知格物者，致吾心之良知于事事物物也。吾心之良知，即所谓天理也。致吾心良知之天理于事事物物，则事事物物皆得其理矣"。这种良心的自我调节方式的最大特点就是不诉诸任何其他的外在约束力，是在道德主体自我评价和自我意识基础上的内在法则。"这种意义上的诚信要求道德主体：一是要有追求诚信，做一个诚信之人的强烈愿望；二是主体将这种愿望化为一种实际的行为，终身追求；三是追求诚信的过程使其感受到无比的快乐"。② 一般来说，良心对于诚信的发生，是基于"良心满足"和"良心谴责"两种境遇的。一个诚实的人，在反身思考的时候，会为自身的坦坦荡荡和堂堂正正的行为而感

---

① ［古希腊］亚里士多德：《尼各马可伦理学》，廖申白译，商务印书馆2003年版，第120页。
② 沈慧芳：《作为义务的诚信与诚信义务的豁免》，《道德与文明》2010年第1期。

到骄傲和自豪，这种良心满足强化了其诚信的思想和意识。反之，一个说假话的人，在扪心自问的时候会觉得惭愧不已，这样的良心谴责则会使其产生向善的道德理念。

当然，"良心"作为主观精神，它也不是一个抽象的伦理概念，而是要把它放在社会交往产生的客观精神体系之中来看待。如宗教社会把良心与"上帝"或"神灵"联系起来，用客观精神的外在形式表达自己的内在良知标准，通过忏悔或者祈祷的方式，获得良心的满足。作家洪晃曾在一篇文章中讲述了她在巴黎卡地亚高级珠宝作坊参观时的经历。那次是参观钻石的切割与镶嵌工艺，有位抛光师负责把珠宝的座件在镶嵌之前抛光，他把一根棉线穿进要镶嵌的珠宝的眼里来回抽动，以此对里面进行清洁。让洪晃不解的是，就连镶嵌之后根本看不见的地方，他也认认真真地进行擦拭。洪晃问他："这些部分以后谁也看不见，你不觉得浪费时间吗？"他看了洪晃一眼，说："没有人看见，并不说明它不存在，至少上帝在看呢。"① 其实，我们当前的真正的良心，是建立在人民性与国家性、价值性与真理性相统一的社会精神中，是建立在我国核心价值观基础上的认知方式。只是从当前来看，这种良知方式还有待进一步培育和践行，这也是我国当前诚信道德困境的主要原因之一。

（三）外在规范：责任和荣誉

我们可以从人的良心方面寻找诚信的思想根源，但任何诚信都必须通过具体的行为表现出来，而这种行为又是在特定交往中产生的。这样，社会诚信就表现为履行责任的义务以及由此获得的荣誉感，"责任"是基于利益"负相关"而产生诚信，"荣誉"则是道德"负相关"而避免不诚信行为的发生。

任何人在特定的交往过程中，获得了社会赋予的责任和义务，完成这种责任，承担这种义务，则表现为对他人和社会的诚信。早在古

---

① 唐宝民：《心灵的坚守》，《光明日报》2012 年 2 月 15 日。

希腊的伦理思想中，责任即德性，认为履行自己的职责是万事万物都具有的责任，是德性的具体体现，这种德性与价值判断没有必然关系。当然，迄今为止，我们仍然认为责任和职责体现了一个人与他人及社会组织的契约关系，承担责任即诚信的表现，推卸责任则是一种不诚信的行为。这种诚信关系在具有垂直关系的政务交往中表现得更为明显，"对于行政官员来说，这就意味着了解自己的职责，并且履行自己的职责——诚实并且正直地行动。就其精髓而言，责任是一个道德的问题，而且，行政官员的角色应该被视为一个有道德的行动主体。正如德怀维迪所言：不道德的行政官员是责任行政的对立面"。①因此，责任作为诚信的外在规范，具体来说，主要表现为两个方面：一是要做好自己分内的事情，这种事情为"应当"的责任，是一种必须履行的义务，它体现的是个人对他人的承诺；二是如果这种义务没有得到承担，则必须接受相应的惩罚，这是责任对诚信的"负相关"效应。当然，这两个方面都蕴含了一个更深层次的前提，就是责任的承担和惩罚都是具有社会公平正义作为标准的，它的终极目的是维护社会的公共利益。

当然，责任和义务的履行程度除了必要社会惩戒之外，还会有道德评价的效应，即名誉。"名誉是人们相互的、外部的道德评价，是自己对他人和让人对自己的行为的道德评价，是自己对他人和他人对自己行为的道德价值的意识，是自己对人和他人对自己的行为的道德价值的认识、认知、判断、态度、感情、体验、意向、意志、动机等一切心理反应活动。"②一种诚信行为会获得他人或社会的正道德价值的肯定性评价，由此而产生了"荣誉感"。即使不诚信行为能够获利，但"荣誉"的情感体验会使他们放弃物质的诱惑，而选择精神的愉悦。非诚信行为则是对他人或社会的负道德价值的否定性评价，即

---

① ［美］登哈特：《新公共服务：服务，而不是掌舵》，丁煌译，中国人民大学出版社2010年版，第90页。

② 王海明：《伦理学原理》，北京大学出版社2005年版，第265页。

"舆论谴责"。由于他人的负道德评价而产生精神方面的消极情绪，迫使一个人会作出诚信的行为选择。由此可以看出，"名誉"起作用是基于个体良心的内在标准和社会舆论的外在评价，一般来说，具有较好良知的道德情操，则会把"荣誉"作为行为方式的首要选择。荣誉感对于缺乏道德良知的人是不能发挥预期效果的。同样，社会舆论作为荣誉产生的直接评价因素，要与社会正义、个体良心形成正相关的关系，才是向善的和有意义的。

（四）利益博弈：成本与收益

如果撇开内在的情感道德因素，只是从外在功利的角度来看待诚信，诚信行为的发生则是利益得失计算的结果。诚信主体在博弈过程中，为了达到利益最大化，会理性地选择遵守诚实守信的原则。这种诚信的工具理性，尽管不是德性的向善原则，但在市场经济建设过程中却是比较实用和贴切的。

从表面上看，生活和交往过程中，诚信是"利他"行为，失信则会利己。于是，交往过程中，彼此都希望对方讲究诚信，在不被对方发现的情况下，自己则规避诚信，这就陷入了"囚徒困境"之中，造成的结果是大家都不选择诚信，这种不诚信、不合作的消解均衡状态，被称作"纳什均衡"。其结果是，大家的长远利益都遭受到了不同程度的损害。从长远的发展来看，这种状况是有害的，是不会被彼此认同的。"如果一个社会的成员具有'经济人'的自我利益动机，他们就会在生存博弈中通过协调达到均衡。"[①] 长期和持续的交往活动中，双方寻找自己利益的最大化，基于工具性的目的，就会把诚信作为最终的选择。此外，还有一种情况，就是交往双方基于失信成本和受益的对比分析，有一方的失信成本较低，而受益较多，即失信的成本低于受益。那么，他是否还会选择诚信呢？一般人认为基于自身利

---

① ［英］肯·宾默尔：《博弈论与社会契约》第 1 卷（公平博弈），王小卫、钱勇译，上海财经大学出版社 2003 年版，第 404 页。

益最大化，它一定会选择失信而获利。于是，他们把诚信等美好的德性说成"弱者的逻辑"。这个问题正如柏拉图在《理想国》里提出的，正义是弱者的逻辑一样。一般认为，这种"得利"是局部和暂时的，强者也是相对于弱者是强者。如果遇到比他更强的人，他则是弱者。因此，一个人在"此"交往中通过失信得利，在"彼"交往中则一定会失利；它在此时交往中得利，在长远交往中则会失利。比如，牛奶生产商可以通过添加剂等不诚信行为暂时获利，但牛奶生产商的其他生产和生活资料，也可能会因为其他假冒伪劣状态而失利。可见，它只有自给自足的生产生活状态才能保证自己完全得利，但这种状态在社会化大生产的市场交往中是不可能存在的。所以，只有通过充分交往过程中的彼此诚信，才能实现双方利益的最大化。

在当前我国的市场经济发展过程中，也能够充分说明这样一个道理：一般市场经济发展相对比较弱的地方，诚信意识都相对比较薄弱。而随着市场经济的充分发展，这种理性的"经济人"具有的意识就会被逐步培养起来。正如张维迎在"乡村社会的信誉机制"的研究中，得出结论，认为信誉必须通过三种方式才能建立：追求长远利益的动机、失信行为的及时曝光、失信惩罚与收益的强烈对比。[①] 因此，我们可以看出，当前我国诚信建设的当务之急就在于如何使失信者得到比受益多得多的损失，也即失信惩戒的问题。正如 2014 年 1 月 15 日的国务院常务会议上，李克强指出要加快建设社会诚信体系、构筑诚实守信的经济社会环境，强调要完善奖惩制度，全方位提高失信成本，让守信者处处受益、失信者寸步难行，使失信受惩的教训成为一生的"警钟"。

---

① 张维迎：《产权、政府与信誉》，生活·读书·新知三联书店 2001 年版，第6—7页。

第二节　我国社会诚信建设的系统分析

社会诚信不是空洞抽象的概念，而是具体的、历史的社会现象。进行社会诚信建设必须放在经济社会发展的大背景中，用发展的、辩证的方法分析看待我国当前的社会诚信现状，结合我国经济社会发展的实际，认清主流，坚定社会诚信的道德信心。

一、我国社会诚信建设的主要领域

进行社会诚信建设，就是要着重解决好政务诚信、商务诚信、社会诚信和司法公信四个领域的问题。

（一）政务诚信建设

政务诚信是政务部门的诚信意识和行为，是公共政治权力运行过程中的信任关系，它是公共政治权力行为和民众认同之间的正相关关系。一方面，公共政治权力保持了良好的运行状态，维护了社会公平正义；另一方面，民众通过感受、认知公共政治行为，而对其进行认可和肯定。只有两者达成一致，才能够产生政务诚信。

政务诚信涉及的是公共政治权力层级关系之间以及与民众之间的交往方式，它对于其他诚信建设具有根本性的制约关系，起到了示范作用。"政府及其部门在社会诚信和信用体系建设中要起示范带头作用，坚持依法行政，推进政务公开，提高决策透明度，自觉接受社会监督，不断提升公信力"。[1]　"做好政府工作，必须加强自身改革建设"。"增强政府执行力和公信力，努力为人民提供优质高效服务"。[2]

---

[1]　《温总理为何要提"政务诚信"？》，中国共产党新闻网，2011 年 10 月 20 日，见 http：//cpc. people. com. cn/GB/64093/64103/1595627. html。

[2]　李克强：《在十二届全国人大二次会议上的政府工作报告》，人民出版社 2014 年版，第 33 页。

政务部门的权力源于人民，政务部门需要得到人民的认可才能具有公信力，它的权力才具有合法性。从政务诚信的范围来看，政务诚信是拥有公共政治权力的公务人员在从事公共事务管理的过程中产生的。在言论上，表现为言行一致，真实无欺；在实践中，表现为按照与公众达成的契约和相关法律制度办事，不毁约、不违法。从政务诚信的运行来看，政府公共权力的使用涉及社会公共生活各个领域，政务行为对社会其他领域具有示范作用。政务部门只有保持良好的社会形象，才能为商务活动、公共行为和司法实践提供良好的榜样作用。"其身正，不令而行；其身不正，虽令不行"。（《论语·子路》）从政务诚信的作用来看，政务诚信是治理国家的重要方式，孔子曾经把"足食""足兵"和"民信"作为治国的三大法宝，三者之中"民信"最为重要。"民信"即公信力，它能够保持良好的政务关系和公共秩序，是国家治理能力的重要体现。

政务诚信建设就是中国共产党和人民政府取信于民，保持政治公信力的实践活动。习近平提出"喊破嗓子不如甩开膀子"，李克强也要求"不放空炮"，都是强调言行一致、实干兴邦。政务诚信是立党为公、执政为民和求真务实作风的集中体现，也是提升党和政府号召力和战斗力的集中体现。其一，"政务诚信"就是要坚持"立党为公、执政为民"的基本宗旨。"立党为公"的宗旨是由中国共产党的性质决定的，中国共产党除了代表最广大人民群众的根本利益之外，没有任何个人利益。"执政为民"规定了政权的基本性质，我国的政权是人民的政权，权力是由人民赋予的，它的任何政治活动都要以维护人民的利益为根本宗旨。"公"体现的是国家和民族的公共利益，"民"代表的是全体人民的共同利益。因此，它归根结底就是要实现好、维护好和发展好最广大人民的根本利益。也正是中国共产党、人民政府和广大人民群众利益的根本一致性，才决定了政务诚信的真实性。其二，政务诚信建设就是要提升政府公信力。政务诚信的核心是取信于民，政务诚信建设就是要使民众保持对政府的高度信任。2013 年 4 月

4日，《新闻1＋1》播出《地下水变红，谁该脸红?!》，河北沧县环保局局长邓连军用"水煮红小豆"来解释沧县张官屯乡小朱庄村红色井水事件，他说："红色的水不等于不达标的水，你有的红色的水，是因为物质是那个色的，你比如说咱放上一把红小豆，那里面也可能出红色，咱煮出来的饭也可能是红色的，不等于不达标。"这种解释很明显是荒谬的，遭到了广大网民的吐槽。这种谎言是在为自己推脱责任，但同时，也失去了民众的信任。因此，政务部门只有依法行政，主动承担责任，保持政务公开透明，才能获得民众的公信力。其三，政务诚信建设就是要逐步推进政治体制改革。政务诚信不是抽象的理论形态，它是具体的历史的，在不同的社会背景中会有不同的表现方式。因此，我国的政治诚信建设就要立足于我国正处于并将长期处于社会主义初级阶段的大背景中来看待和衡量。一方面，我国政府推行的市场经济体制改革，极大地调动了人民的积极性，解放和发展了生产力，改善了人民的物质生活，这是政府取信于民的根本。另一方面，随着市场经济的深入发展，公共权力侵蚀经济的现象越来越严重，贪污腐败大量出现。尽管这些并不代表政府的整体形象，但它也严重损伤了政府在民众中的形象。因此，必须推动政务公开，加强政务监管，才能从根本上提升政府的公信力。

（二）商务诚信建设

商务诚信是商业主体的诚信意识和行为，是商品生产交易活动中的信任关系，体现了商业交易过程中的公平正义原则。一方面，商务诚信是诚信原则在商业活动中的具体体现，它在我国市场经济发展过程中，是社会诚信建设程度的重要指标。另一方面，从总体上看，商务诚信也受到社会诚信的影响和制约。商务诚信建设就是提升商业主体诚信素养，提升商业活动良好运行的社会准则。

商务诚信涉及的是商品生产和交换活动过程中人与人的交往方式，它不同于政务领域的中"诚信的垂直关系"，而是以人与人之间平等的方式出现的，是一种"水平信任"的关系。① 从本质上看，商务诚信是"经济人"之间的一种理性契约关系。其一，"经济人"是商务诚信的理论前提。商务诚信的理论前提是经济人，如果超出了经济人的理论假设，商务诚信就没有存在的必要和可能。"经济人"是经济领域虚拟的活动主体，它遵循经济活动的基本准则，用经济方式获取自身的利益。它既不同于生物意义上使用"丛林法则"的自然人，也不同于为了社会公益而放弃自身利益的"慈善人"。经济人会用理性的方式计算自身的利益，为了自身的利益最大化，会自觉而自愿地选择诚信的交易原则。因为诚信可以使交易主体都得到最大的利益。经济人恰恰不是所谓"自私自利，损人利己"之人。因为交易领域的"互损"，并不会增加社会财富，反而会增加交易成本。其二，诚信是经济人的"理性"选择。经济人也就是一种客观理性的人，"利益最大化"是其唯一的目标，他既不会为眼前利益而损失整体利益，也不会因为感情好恶而买贵卖贱。"如果购买一样东西的代价比在家里自己制造所需的成本小的话，就绝不会在家里生产，这是每一个精明的人都明白的道理。"② 如果一次欺骗而损失了付出长远利益损失的代价，它绝不会允许这种失信行为产生。所以，理性的经济人绝不会利令智昏地以次充好、以假乱真。其三，商务诚信的本质就是等价交换。商务诚信就是交易双方以商品的价值为基础，交易使用价值。从表面上看，双方都没有从商品的流动中获利，但实际上，它获得自己需要，又不能生产的使用价值。从根本上是"利己"，而这种"利己"必须建立在"交易"实现的基础上才能完成。于是，要求交易双方都更加关注商品的社会性和利他性。只要是理性的经济人，"他对自身利益的关注自然会，或者说，必然会使他青睐最有利于社

---

① 国防大学中国特色社会主义理论体系研究中心：《论当代中国的诚信建设》，《光明日报》2012年2月7日。

② ［英］亚当·斯密：《国富论》，唐日松译，华夏出版社2005年版，第323页。

会的用途"。① 从这个角度看，商务诚信的道德规范下掩盖的是经济的必然性，是等价交换的市场原则。那些认为通过交易欺诈可以获利的人，不会是成功的商人，认为通过交易欺骗可以获利的市场，也不是成熟的市场。只有商务诚信成为深入人心的交易规范的时候，市场经济才达到成熟的程度。

所以，商务诚信建设就是在经济领域培育真正的"理性"的"经济人"的过程。其一，就经济主体的企业而言，商务诚信建设就是增强其核心竞争力的过程。商务诚信体现了经济活动的利己主义，它是"既反映了经济人要求合理回报的诉求，又体现了经济人不靠损人赢取短期利己，而以真诚利他追求永恒利己的理性。"② 因此，从这个角度看，诚信是企业的重要名片，是企业的无形资产，体现了它的核心市场竞争力。如果一个企业为了眼前利益失去信誉，那么，它很快就会被自己的失信行为所打败。也正是基于此，任志强在"2012 中国实效管理总裁论坛"上说，诚信是企业的生命，"如果没有了诚信就等于是自杀"。王石在"2013 中国绿公司年会"上也说，诚信是当下中国企业家最需要研究的商道。其二，就经济运行的市场而言，商务诚信建设就是培育良好市场秩序的活动。市场经济是基于等价交换的互利原则而发展起来的，故市场的本质是对自发的自然经济的超越，人们对商品的需求不能依靠抽象的"良心"给予，也不能依靠虚无的"慈善"捐赠，它只有在市场的等价交换中才能稳定下来。这也就是亚当·斯密所讲的"我们期望的晚餐并非来自屠夫、酿酒师和面包师的恩惠，而是来自他们对自身利益的关切，我们不是向他们乞求仁慈，而是诉诸他们的自利心"。③ 即利用商品的交易方式来获得，任何的欺诈行为都会破坏这种交易活动，从而导致利益受损。因此，商务诚信的建设就是维持市场秩序的活动。其三，就经济影响的社会而

---

① 〔英〕亚当·斯密：《国富论》，唐日松译，华夏出版社 2005 年版，第 323—324 页。
② 李明正、肖瑶：《试论经济人、理性人与诚信的统一性》，《学术界》2010 年第 10 期。
③ 〔英〕亚当·斯密：《国富论》，唐日松译，华夏出版社 2005 年版，第 14 页。

言，商务诚信建设就是增进社会公序良俗的实践。经济活动是人们生产生活的基础，经济法则会直接影响到社会规范。纲常伦理是基于自给自足的小农经济而产生的，平等交易是商品经济的必然要求。从这个角度看，商务诚信建设也会影响整个社会诚信的状况。商业领域的尔虞我诈，只能带来社会德性的花果飘零；商业领域的诚实守信，则会营造一个公序良俗社会。

（三）社会诚信建设

社会诚信是"诚信原则"在公共活动领域中的具体体现，是社会文明程度的重要指标。这里的"社会"是相对于政治、经济、文化和生态而言的狭义社会。社会诚信涉及的是社会生活过程中人与人的交往方式，它不同于政务诚信的"垂直关系"，也不同于商务诚信的"水平关系"，而是人与人、人与社会和人与自然的公共关系。一方面，社会诚信受到政务诚信的指导和制约，政务诚信直接影响和制约着社会公共生活领域中的诚信状况，人们对政府的信任程度直接决定人们在公共生活中遵守规则的程度。此外，它还受到商务诚信的影响，一些市场逻辑会对人的生活原则进行渗透，商务诚信在一定程度上会制约社会诚信的发展和进步。另一方面，社会诚信反映了社会整体意识状况，进行社会诚信建设能够为政务诚信和商务诚信提供良好的社会心理基础。

社会诚信是人们社会生活领域的诚信意识和行为，是公共生活、职业生活和家庭婚姻生活领域中的信任关系，体现了社会生活过程中的公平正义原则。其一，公共生活的诚信是社会公德的重要组成部分，它调节的是人与人、人与社会和人与自然的关系。随着市场经济的发展，当代社会公共生活已经完全超越了"熟人模式"的传统社会，更多地要在公共领域中进行。在缺乏了熟人制约效应的陌生人交往过程中，诚信显得更为重要，即要自觉遵循公共生活的基本秩序，自觉履行公共交往中的具体承诺。公共秩序是用一定规则来维系人们公共生活有序化的状态，比如工作秩序、教学秩序、营业秩序、交通秩序、娱乐秩序、网络秩序等，都是个体之于共同生活的美好状态的具体体现，是个体在享有共同权利的同时，对他人具有相应的责任和义务。因此，诚信就是要履行基本的公共规范，履行对社会秩序的基本责任。其二，职业生活中的诚信是职业道德的重要组成部分，它调节的是人在职业活动中的行为规范。职业不仅是人生存的基本依靠，也是人获得社会意义的重要途径。每一种职业都有相应的社会关系和利益关系，这些关系从文化的角度看，主要通过职业权利、职业义务和职业责任体现出来，表现为职业道德和职业法律。因此，从职业活动中形成的人际关系来看，职业诚信就是在对职业内部人员、不同职业人员及其与职业服务对象之间的诚实无欺的交往状态。具体来说，就是因职业关系而带来的人与人之间的诚信关系。从职业活动中形成的规范来看，职业诚信就是自觉履行职业道德和遵循职业规范，即做到享有职业权利的同时，自觉履行职业义务。其三，家庭生活中的诚信是家庭美德的重要组成部分，它是调节家庭内部成员以及家庭生活密切相关的人际关系和行为规范。婚姻家庭关系是人与人之间特殊的交往关系，它既具有天然性别差异的自然属性，也具有社会发展的存在意义。家庭关系交往是以感情为纽带，相互信任是其存在的基础。没有诚信的家庭生活，是不能持久和继续维系下去的。

因此，社会诚信建设既是推动社会文明进步的重要途径，也是个人得到社会认可的基本方式。就个体而言，社会诚信建设就是诚信的培育和修养，是提升自身的基本素养，彰显自身人格魅力的过程。特别是在社会活动日益丰富的当下，缺乏诚信素养和秩序意识的个体，会变得越来越没有立足之地。就社会而言，社会诚信建设就是培育秩序文化和规则意识的过程，只有有序的社会生活，才能体现整个国家的文明程度和发展水平。社会诚信不仅是国家形象的象征，也成为社会进步的动力源泉。就家庭而言，诚信建设就是家庭成员之间相互信任，毫无欺瞒。它是维护家庭稳定，促进家庭和谐的基石。所以，社会成员之间只有形成以诚相待、诚信友爱的新型人际关系，才能保证社会生活井然有序、和谐进步，才能促进社会结构稳定和持续发展。

（四）司法公信建设

司法公信是司法主体的诚信意识和行为，是人民群众对司法机关的信任关系，体现了法律运行过程中的公平正义原则。一方面，司法公信是诚信原则在司法活动中的具体体现，是我国法治建设的必然要求，体现了我国政治文明的发展程度。另一方面，司法公信是社会诚信的重要组成部分，在从总体上受到社会诚信的影响和制约。司法公信建设就是提升司法机关的诚信素养，促进司法活动有效的运行。

司法公信所涉及的是司法活动中司法主体与其对象的信任关系，体现的是社会组织和民众对公权力是否公平正义的主观认知和价值评价，所以，司法公信的产生从根本上说源于以下三个方面。

其一，司法行为的公平正义是客观基础。司法行为也即司法机关所从事的与司法相关的实践活动，从广义上看，法院、检察院、公安机关、国家安全机关、司法行政机关都属于司法机关。但一般认为，司法公信中司法行为更多的是指法院在法律适用中的实践活动，即依法对进入法律程序的纠纷进行裁判的活动。司法公信主要通过司法权运行过程中主体组织、实体程序、结构功能等方面体现出来的公正结果，以此获得公共信任。其二，民众对司法的价值评判是主观条件。民众对司法的信任是司法公信产生的主观条件，而民众感知的司法公正存在着"从当事人、诉讼参加人到利害关系人，再到第三人，最终达至社会一般人的逻辑路径"。[1] 也即司法行为从微观到宏观、从直接到间接地影响逐步扩散的作用方式。从微观上看，某一具体的司法活动，法官自信是司法公信的开始，法官的司法行为直接影响到当事人和诉讼参加人，法官的公正无私首先获得的是当事人和诉讼参加人的信任。然后，会波及利益相关人。从宏观上看，具体司法活动反复演绎，就使司法个案逐步产生社会性的影响。再加之媒体宣传的扩大效

---

① 蒋薇：《何为司法公信？》，《光明日报》2014 年 2 月 13 日。

应，个案也会影响到民众对司法的看法。当司法行为产生了公众性社会效应的时候，司法公信的问题就呈现出来了。其三，司法公信体现的是民众对司法行为的正价值关系，即相信法律，信任司法的价值理念。一方面是民众对法律的自觉认同，相信法律的公正性。树立社会主义民主法治、自由平等、公平正义、权利义务等基本观念，能够自觉遵循基本法律规范，形成严格依法办事的行为习惯。另一方面是民众对司法的充分信任。当民众遇到纷争时，自觉依靠法律进行化解。当双方通过法律无法化解时，自觉选择司法渠道，通过法院作出最终的裁决。

因此，司法公信建设就是司法机关通过司法行为获得人民群众信任的实践活动。其一，就司法机关而言，司法公信建设就是深化司法体制改革，提升司法公信力的过程。"当前，部分群众对司法的不信任感正在逐步泛化为普遍社会心理，这是一种极其可怕的现象。"[①] 出现了"信访不信法"的诸多社会现象。所以，要深化司法体制改革，优化司法职权配置，保证司法机关独立公正地行使权力；要完善诉讼监督体制、检查监督、司法鉴定、刑事赔偿等基本制度；加大司法救助，健全巡回审判等。就司法人员而言，需要培育精通法律、经验丰富、清正廉洁的司法者，打造一支政治立场坚定、职业素质过硬的司法队伍，保证司法按照自己应有的规律发生作用。其二，就民众而言，司法公信建设就是加强民众法律修养，自觉维护法律权威的活动。关玫认为司法公信主要有权力威慑型、理性认识型和心理认同型三种类型。[②] 权力威慑型是民众不知法也不懂法的情况下，基于对权力的恐惧，而形成对司法的认同；理性认识型是民众知法但不懂法的情况下，基于理性的选择，而对司法的认同；只有心理认同型才是在民众既知法也懂法的情况下，基于法律人格，而对司法的信赖和认

---

① 吴兢：《最高法院副院长：不信任司法渐成普遍社会心理》，《人民日报》2009 年 8 月 19 日。

② 关玫：《司法公信力初论——概念、类型与特征》，《法制与社会发展（双月刊）》2005 年第 4 期。

同。"知"是"信"的基础，民众的知法懂法是提升司法公信的必要条件。因此，司法公信建设就是要加大法制宣传教育，普及法律知识，提升民众的法律思维水平。其三，就司法影响而言，司法公信建设就是增进司法的公平正义的实践。司法的公信状态是一种主体交互性的必然结果，现代社会的纷争很少是基于对抗性的，所以要在平等对话中进行调节。这些纷争的化解过程，就是公平正义得以实现的交往过程。因此，公平正义不仅是司法活动的底线要求，也是实现司法公信的基本原则。

二、我国社会诚信建设的外在条件

社会诚信建设需要认清它所存在的外在条件，即在社会大系统中社会诚信所处的地位，以及与其他社会要素之间的关系。只有放在具体的社会生活中，系统地看待社会诚信的诸多影响要素，才能切实地把握社会诚信建设的现实问题。

（一）我国社会诚信建设的"社会转型"境遇

马克思在《1857—1858 年经济学手稿》中指出了人的发展轮廓和社会的发展规律，即"人对人的依赖关系""人对物的依赖关系"和"人的自由个性"三个阶段。[1] 这个理论揭示了人的发展和社会进步之间的逻辑关系，"人对人的依赖关系"代表的是前现代社会，它转向"人对物的依赖关系"的过程就是现代化的过程，也是我们当前社会主义改革所经历的主要阶段，即"转型"时期。"转型"是事物的结构形态、运行模型和人的价值观念的根本性转变过程。"社会转型"是社会前进的、向上的发展，即从传统社会向现代社会转换的过程中，经济政治结构、精神文化形态和人的生活方式都发生了深刻变化。我国的社会转型主要指改革开放以来当代中国社会结构的变迁历

---

[1] 《马克思恩格斯文集》第 8 卷，人民出版社 2009 年版，第 52 页。

程。它对于我国的社会道德发展来说，是一把双刃剑，既带来了发展机遇，也提出了严峻的挑战。如道德缺失、社会失信等问题。因此，研究社会诚信现象及其存在的问题，需要首先关注其社会转型的宏大背景。

　　改革开放是我国社会转型最为鲜明的特点，它决定了我国社会诚信建设也具有转型的基本特点。"当今中国社会存在的道德问题，是在社会转型背景下发生的，具有鲜明的社会转型期特征。正视这一点，是我们加强道德建设、治理道德问题的必要前提。"① 作为道德重要组成部分的社会诚信，它所调整的是根本性的利益关系的变革，也是研究社会诚信建设的根本出发点。其一，社会诚信调整的是利益关系的改变。社会诚信建设从革命逻辑转向建设逻辑，从政治诉求转向个人利益。从某种意义上说，这使得社会诚信获得了人的主体地位。革命逻辑的诚信，最为根本的是要求政治忠诚，它是统率社会诚信道德建设的根本。改革开放以来，随着社会转型，社会诚信所调节的利益关系发生了变化，个人的正当利益获得应有的肯定和尊重。因此，它是社会诚信从根本上获得历史先进性的依据。其二，社会诚信建设的先进性和层次性。社会主义初级阶段的历史定位，不仅是经济社会建设的基本依据，也是我国社会诚信建设的根本出发点。社会主义的性质决定了社会诚信具有集体主义诉求的先进性，初级阶段提出了个人道德觉悟和道德境界的层次性。于是，新的历史时期，社会诚信从道德的"应然"转向了"实然"，从美好的社会设想转向了底线的法律要求，从超越社会存在阶段的"天上"，转向了符合社会现实的"人间"。因此，社会诚信建设，既要倡导社会道德导向的先进性，又要认识到社会成员道德价值取向的多样性，应当采用更加具体的、更加具有针对性的建设措施和方略。其三，社会诚信建设的阶段性和领域性。我国的社会转型就是这个过程的具体体现，最为鲜明的特点就

---

　　① 秋石：《正视道德问题　加强道德建设》，《求是》2012 年第 7 期。

是社会结构从"熟人社会"转向了"陌生人社会",人的生活从"单位领域"转向了"公共领域"。这种状态也正如马克思在一百多年前所描述的那样,"家长制的,古代的(以及封建的)状态随着商业、奢侈、货币、交换价值的发展而没落下去,现代社会则随着这些东西同步发展起来"。① 客观上看,这些转变使得外在约束条件不断弱化。因此,社会诚信需要立足于这种社会转变的特殊阶段,针对不同活动领域的特殊要求,采取更有约束力的建设措施。

(二)我国社会诚信建设的社会基础

经济社会的全面进步是社会诚信建设的社会基础,中国特色社会主义经济发展、政治进步和文化繁荣为社会诚信建设提供了必要的外在条件。

社会主义经济的发展为社会诚信建设提供了共同的利益基础。自从我国社会主义制度确立之后,私有经济状态就被废止了,从而保证了社会根本利益的一致性。这种利益关系,决定了社会道德的集体主义原则,保证社会主义道德的先进性。在这种先进性的道德领域之中的社会诚信,具有从根本上的道义基础。改革开放的历史进程中,我国逐步改变了单一的公有制经济,逐步确立以公有制为基础,多种经济成分共同发展的社会主义市场经济体制,保证了社会道德的发展方向,为社会诚信建设提供了物质基础。以公有制为主体的经济代替了单一的公有制,从根本上废止了平均主义的道德弊端,保证了国家、集体和个人三者利益的和谐统一,没有让自私自利成为新的社会准则,从根本上保证了社会诚信建设的先进性。多种经济成分共同发展是对社会主义基本经济制度实现形式的新探索,从根本上讲,它促进了社会主义生产力的发展,促进了国家的富强和人民的富裕,为社会道德建设和个人修养提升提供了物质支撑。另一方面,利益的分化和社会阶层的出现,在经济利益至上观念的影响中,出现了道德败坏和

---

① 《马克思恩格斯文集》第 8 卷,人民出版社 2009 年版,第 52 页。

诚信缺失的社会现状，是不可否认的。但这应该辩证看待，一方面，从总体上看，我国的诚信道德现状是良好的，这种状况的出现只是支流；另一方面，从发展角度看，我国的诚信道德从整体上是进步的，当前的诚信缺失状况会随着经济社会的发展而不断得以改善。

社会主义政治的进步为社会诚信建设提供了共同的价值追求。随着改革的深入发展，我国公民的政治观念逐步发展进步，政治性更加广泛，国家治理体系逐步完善，国家治理能力和治理水平得以不断提升。在国家治理过程中保持了较好的有序性和连续性，政治腐败现象得以有效的治理，公共权力更多地服从、服务于大众利益。中国特色社会主义政治发展的民主化、法治化、稳定化和清廉化，从根本上保证了人民当家做主的共同价值基础，保证了社会诚信建设的"以人为本"和"为人民服务"的基本价值取向。从道德价值目标看，社会诚信建设的根本目标是为了让人在这种秩序的社会环境中，更好地生存和生活，从而获得自由而全面发展的机遇。从道德的价值尺度看，人们的生活状况和精神状态是衡量社会诚信建设成效的重要标准，把人们的生活质量和道德素养作为社会诚信建设的目标。因此，社会政治文明进步为社会诚信建设提供了最根本的价值判断标准。

社会主义文化的繁荣为社会诚信建设提供了共同的道义标准。从主观精神上看，文化是人的生存的表达方式和生活倾向，能否选择文化的方式进行表达自我是人与动物的区别，"人不可能过着他的生活却不时时努力地表达他的生活。这种表达的方式是多种多样的无穷无尽的，但它们全都证实了同样的基本倾向"，这种倾向可以"使他的思想客观化并使之具有坚固而持久的形态的特殊能力"。[1] 如果一个人不具备这种能力，"那他就不可能交流他的思想和感情，从而也就不可能生活在社会的世界中"。[2] 社会主义的文化繁荣客观上提升了人的

---

① ［德］恩斯特·卡西尔：《人论》，甘阳译，上海译文出版社 2003 年版，第 289 页。

② ［德］恩斯特·卡西尔：《人论》，甘阳译，上海译文出版社 2003 年版，第 291 页。

文化交往能力，在这种交往中体现了"自我"存在和"社会"价值的统一，而社会诚信就是这种统一的外在表现形式之一。此外，从客观精神角度看，社会主义文化的繁荣是以马克思主义为核心的文化现象，马克思主义理论揭示了社会诚信等主观社会精神发展和建设的规律，赋予了诚信道德真善美的建设标准。"从精神道德的意义上说，在于使人民群众通过认识人类社会从低级向高级发展进步的客观规律，通过认识人类在改造自然、改造社会的历史进程中必将不断改造自身并升华自身的精神道德境界的客观规律，培育出对人类现实生活和未来前途充满正义、向善和光明憧憬的高尚社会理想与道德理想"。①

三、客观分析我国社会诚信建设的现状

当前，我国社会道德领域出现的一系列事件，使一些人对我国社会诚信总体状况产生了极大的怀疑。随着"道德滑坡论"的叫嚣，对中国的社会诚信建设也出现了总体否定的状况。因此，迫切需要运用唯物辩证法和认识论对我国当前的社会诚信现状进行客观分析和辩证认识。

坚持"总体性"标准，从社会诚信的系统性来判断其建设的状况。"马克思主义与资产阶级思想的根本分歧并不在于从历史来解释经济动机的首要作用，而在于总体性的观点"②，"总体范畴，整体对各个部分的全面的、决定性的统治地位，是马克思取自黑格尔并独创性地改造成为一门全新科学的基础的方法的本质"③，"总体性"标准是马克思主义的辩证法和方法论。在分析社会诚信的问题上，不能单一看待社会诚信自身的问题，要把它放在社会系统中进行分析。不能用诚信缺失的某一特殊时期的特殊事件来对社会诚信建设的总体作出

---

① 秋石：《正确认识我国社会现阶段道德状况》，《求是》2012年第1期。
② 卢卡奇：《关于社会存在的本体论》，张西平译，重庆出版社1993年版，第30页。
③ 卢卡奇：《历史与阶级意识》，杜章智、任立、燕宏远译，商务印书馆1992年版，第76页。

评判，如用"食品安全""小悦悦事件"等，来定性说明当前我国的道德普遍沦丧和社会诚信严重缺失。如果这样定性，那是以偏概全、有失偏颇的。正如列宁所说，在社会现象领域，"如果不是从整体上、不是从联系中去掌握事实，如果事实是零碎的和随意挑出来的，那么它们就只能是一种儿戏，或者连儿戏也不如"[①]。因此，我们要从道德的社会生态中来判断建设的诚信现状。当前，我国社会诚信是建立在社会主义市场经济基础上的，所有的诚信问题都需要从经济社会发展的现实中去寻找，要用经济社会发展的社会事实来说明建立于其上的诚信问题。政务诚信需要在政治生活中寻找，商务诚信服务于经济建设，社会诚信基于社会建设，司法诚信的标准在于我国司法工作的开展。从总体上说，"食品安全"的诚信缺失不能掩盖中国人整体寿命不断增加这一社会事实，"商业欺诈"现象也不能遮蔽我国经济社会的秩序性发展。所谓"道德滑坡"的诚信缺失是无法说明我国社会物质财富迅速增加和社会文明进步这一事实的。因此，看待社会诚信现象必须基于一定的社会存在基础，而非抽象的人性论或者人道主义标准。

　　坚持"历史性"标准，从社会诚信的发展性来判断其建设的成效。"历史性"标准是在"发展性"的基础上形成的，即任何事物的评价都需要基于自身发展的历史过程，而不单纯是做横向的比较。一些人用西方人诚信素养和秩序意识来否定中国当前社会诚信建设的效果，甚至以此来否定中国文化的发展和中国道德的选择。"评判当今中国社会的道德状况，需要选择并确定具体的历史坐标。道德从来不是凝固不变的，道德在历史中生长变化，道德只有在历史的比较中方能衡量进步还是退步。"[②] 一是对比我国改革开放前后的社会诚信状况。改革开放之前的革命道德意识导致了个体自我的缺失，没有"自

---

①　《列宁全集》第 28 卷，人民出版社 1990 年版，第 364 页。

②　秋石：《认清道德主流，坚定道德信心——再论正确认识我国社会现阶段道德状况》，《求是》2012 年第 4 期。

我"意识，也就很难有真正意义上的"诚信"存在。改革开放之后，随着自我意识的觉醒，诚信意识打破了平均主义的道德弊端，逐步觉醒。当然，尽管从某一社会现象上看，我们的诚信不如以前，但从总体上看，诚信道德发展是螺旋式上升的。二是不同经济发展程度的比较。一些人常常拿市场经济对社会诚信带来的冲击为例，说明我国社会诚信缺失状况非常严峻。但只要对比一下市场经济发展不同程度中的诚信秩序状况，就可以很明确地得出结论。在市场经济刚刚起步的时候，人的自我意识的觉醒，利己的意识在没有秩序和法治的约束中，导致了社会诚信的缺失，如我国 20 世纪 80 年代初期的"晋江假药案"，80 年代中期的"海南走私"等。但随着市场经济的发展和社会法治的建设，社会诚信状况不断得以改善。通过对比我国东南沿海地区经济比较发达地区和中西部经济欠发达地区的诚信秩序状况，也可以再次论证我们的结论。三是不同年龄段人群的比较。中国的"80后""90 后"及现在的中小学生遵守社会公德的状况总体上不会落后于更年长的人。他们不随地吐痰、不乱扔垃圾、垃圾分类、过马路走斑马线、在公交车上主动让座、在公共场所不大声喧哗、在滚动电梯上靠右站、遵守银行和邮局的一米线规则等。[①]

坚持"辩证性"标准，从社会诚信的二分法来面对其建设的问题。看待我们社会诚信的建设状况，要坚持"二分法"。一方面，正视我国当前社会诚信缺失的现状，"毒奶粉""地沟油""瘦肉精""染色馒头"等恶性食品安全事件表明，我国的诚信缺失已经成为不得不直面的严峻问题。中国社会科学院社会学研究所的《中国社会心态研究报告（2012—2013）》显示，人们对商业、企业信任度最低，官民、警民、医患等社会关系的不信任程度也在进一步加深。[②] 另一方面还要看到社会诚信仍然是社会主流。《中华人民共和国食品安全法》对

---

① 秋石：《认清道德主流，坚定道德信心——再论正确认识我国社会现阶段道德状况》，《求是》2012 年第 4 期。

② 刘建华：《假泛滥折射诚信缺失》，《人民日报》2013 年 2 月 26 日。

我国的食品安全作出了较为严格的规定，近年来，卫生部在每年的抽检中，食品的合格率都在 90％以上，北京、上海这样的大城市，合格率更达 95％以上。在对国内生产加工的食品的抽查中，乳粉、红茶、婴幼儿配方乳粉、酱腌菜、膨化食品、蜜饯、乌龙茶等 7 类 692 种食品的批次抽样合格率为 91.8％。过去我们吃的酱油，主要是作坊式生产，按照今天的检测标准，根本无法达标，但现在，酱油的检验合格率也达到了 90％以上，名牌酱油的合格率几乎是百分之百。① 因此，在分析我国社会诚信建设的状况时，既要看到我国社会诚信建设存在的问题，也要看到诚信建设的成就。既要看到社会诚信的"主流"，坚定道德信心，又要面对社会诚信的现实问题，加强建设力度。

第三节　我国社会诚信建设的意义

社会诚信建设是国家治理体系的重要组成部分，社会诚信建设水平也是国家治理能力的重要体现。社会诚信建设是具有重大意义的时代课题，它不仅是治理我国社会领域突出道德问题、培育和践行社会主义核心价值观的应有之义，也是发展社会主义先进文化的必然要求，对于发展社会主义经济、促进社会主义民主政治和维护社会主义社会健康运行都具有重要的意义。

一、社会诚信建设是治理我国社会领域突出道德问题的重要举措

社会诚信问题是我国社会道德领域存在的人民群众反映强烈、亟待解决的突出问题。党的十七届六中全会提出，要"开展道德领域突出问题专项教育和治理"，十八大报告再次指出，"深入开展道德领域

---

① 秋石：《认清道德主流，坚定道德信心——再论正确认识我国社会现阶段道德状况》，《求是》2012 年第 4 期。

突出问题专项教育和治理，加强政务诚信、商务诚信、社会诚信和司法公信建设"。因此，进行社会诚信建设是治理我国社会道德领域突出问题的重要内容。

社会诚信建设就是要解决我国社会道德领域最为突出的诚信缺失的现实问题。当前一些人不讲诚信，某些行业制假售价、见利忘义，欺诈现象已经成为社会公害，严重影响到社会发展。人情冷漠、丧失良知，事不关己、高高挂起，面对别人的利益、财产，乃至生命都变得冷漠。职业操守是从业活动的道德底线和行业规范，而当前职业操守屡屡被突破，已经成为行业"潜规则"，社会信任危机不断加剧已经成为社会道德建设中迫切需要治理的突出问题，而这些问题的根源多在于社会诚信意识的缺失。所以，社会诚信建设已经成为开展道德领域突出问题专项教育和治理的重要内容。首先，广泛开展全民诚信教育。围绕道德荣誉感的培养，引导人们树立"诚信光荣、失信可耻"的道德理念，使全体公民树立"底线"意识，自觉遵循基本的社会道德规范。其次，加强社会诚信体系建设。诚信是社会主义市场经济的基石，是政府取信于民的基础，是企业生存发展的生命，是个人安身立身的根本。加强社会诚信体系建设，就是要不断完善社会诚信制度（信用法律体系、行政规章和行业自律规则）、健全信用管理和服务系统、公开社会信用活动（消费者、企业、银行和政府）、监督与惩戒机制（信用监管制度和失信惩戒制度），切实纠正行业的不正之风，营造诚实守信的社会环境。再次，开展群众性诚信实践活动。开展创建诚信文明城市、文明村镇、文明行业的活动；发掘、树立先进诚信典型和道德楷模，发挥榜样的作用；充分利用重要节日、纪念日等宝贵的诚信教育资源。此外，营造良好的社会氛围。围绕树立正确的道德取向，继续实施以净化荧屏声频和强化文化市场监管为重点的文化环保工程，大力宣传能够体现时代精神和诚信修养的模范人物，激励人们积极向上，追求真善美；批判各种不道德行为和错误观念，自觉抵制假恶丑，为推进诚信建设创造良好社会文化氛围。

社会诚信建设还是繁荣社会主义文化的基本要求。"在当代中国，发展先进文化，就是发展面向现代化、面向世界、面向未来的，民族的科学的大众的社会主义文化，以不断丰富人们的精神世界，增强人们的精神力量。"① 所以，社会主义先进文化是具有"三个面向"的发展方向，具有"民族的科学的大众的"本质属性，具有"不断丰富人们的精神世界，增强人们的精神力量"的发展目的。社会诚信建设有助于建设社会主义先进文化，它是建设社会主义先进文化的重要条件。其一，进行社会诚信建设就是要坚定文化服务于现代化建设的发展方向。"物质贫乏不是社会主义，精神空虚也不是社会主义。"② 诚信缺失严重背离了社会文化的发展方向，对其进行建设就是要坚持推动社会文化的发展。其二，社会诚信建设是社会主义先进文化建设的重要组成部分。社会失信成为普遍流行的文化现象的时候，就显示了文化建设的诟病所在。诚信缺失作为一种流行心态，与社会主义文化的建设规律是相悖的。社会主义文化是一种先进的文化形态，它的真理性和价值性的统一，决定了"真实无欺"的客观精神状态。因此，进行社会诚信建设就是要把握文化自身的发展规律，体现先进文化的发展方向。其三，社会诚信建设就是要促进社会主义文化与时俱进。"哲学和那个时代的普遍的学术繁荣一样，也是经济高涨的结果。经济发展对这些领域也具有最终的至上权力。"③ 文化的发展不仅要服从、服务于经济社会，而且也随着经济社会的发展而发展。诚信问题是市场经济发展过程中的负面文化现象，因此，也要放在社会主义经济社会建设的过程中去解决，进行社会诚信建设就是要促进社会主义文化的包容性，体现社会主义文化建设的与时俱进性质。

---

① 《江泽民文选》第三卷，人民出版社 2006 年版，第 559 页。
② 胡锦涛：《在纪念党的十一届三中全会召开 30 周年大会上的讲话》，人民出版社 2008 年版，第 24 页。
③ 《马克思恩格斯选集》第 4 卷，人民出版社 1995 年版，第 704 页。

二、社会诚信建设是不断深化社会主义市场经济改革的必然要求

社会诚信不仅是市场经济运行的基本法则，也是市场主体理性意识的具体表现。随着我国社会主义经济体制改革的全面深入，社会诚信建设已经成为促进经济又好又快发展的重要措施。

随着我国市场经济的快速发展，诚信缺失现象开始普遍出现在社会生活之中。在生产领域中，假冒伪劣商品的大案要案此起彼伏，特别是关系国计民生的食品安全已经成为人们普遍关注的问题。在流通领域中，拖欠贷款、三角债务、违约失信等现象时有发生；消费领域中，价格服务欺骗、虚假广告、促销陷阱等各式各类的商业欺诈令人防不胜防；网络虚拟领域中，网络水军、钓鱼网站、盗版侵权等严重阻碍了电子商务的健康发展。"诚信缺失如同瘟疫一般，逐渐蔓延到社会生活的各个领域，严重阻碍着市场经济的健康发展，损害着东方大国的国际形象，荼毒着人们的精神家园，侵蚀着和谐社会的构建根基。"[①] 因此，加强社会诚信建设是发展社会主义经济的必要条件。

诚信是市场经济运行的首要条件，一般认为诚信和法治是市场经济的两大基石，而法治也是建立在诚信基础上的，从这个角度来说，假货横行的市场不是成熟的市场，诚信缺失的经济也不是健康的市场经济。因为，市场经济是一种理性的经济人交易经济，在这种经济运行机制中，每个人要获得自己需要的商品，就必须通过诚实的交易来完成。依靠施舍和救济不是市场经济形态，或者说不是市场经济边界范围内的事情。一般认为，只有充分发展的市场经济，才能给人以获取商品的安稳心态。只要自己拥有货币，随时都可以获得所需要的商品。而建立在道德善基础上的救济则更多的是社会福利领域的事情。"任何一个想同他人做交易的人，都是这样提议的：给我那个我想要

---

① 汤雪：《电视纪录片直击诚信危机》，《光明日报》2013 年 3 月 25 日。

的东西，你就能得到这个你想要的东西。这就是每一项交易的意义，正是用这种方式，我们彼此得到了自己所需要的绝大部分的东西。"①市场这种互利行为保证了市场运行的稳定性。一般来说，在交易的过程中需要诚信，只有相互信任才能形成长期的交易关系。欺骗只能带来短期的效益，而有损自身的长远利益。这也是为什么欺骗往往伴随着市场经济的发展和成熟，而初步减少的原因。

社会诚信建设的程度是衡量我国社会主义市场经济发展程度的一个重要指标，因为它不仅关乎物质财富，还涉及精神领域。邓小平在1981年1月12日会见日本客人时指出："搞现代化要增加精神文明的内容。现在，大公无私、舍己为公、艰苦奋斗等道德观念都遭到了破坏。要恢复是一代人的问题。现在的社会风气不如过去，动不动就打砸抢，年轻的娃娃甚至动刀子，不讲礼貌了，也不照顾别人的利益、集体的利益、国家的利益。不是说所有一代人都如此，不过在相当一部分年轻娃娃中有这个问题。没有好的道德观念和社会风气，即使现代化建设起来了也不好，富起来了也不好。"② 1986年1月17日，他在一次会议上又一次指出："经济建设这一手我们搞得相当有成绩，形势喜人，这是我们国家的成功。但风气如果坏下去，经济搞成功又有什么意义？会在另一方面变质，反过来影响整个经济变质，发展下去会形成贪污、盗窃、贿赂横行的世界。"③ 通过这两段话，我们可以看出，邓小平认为精神文明建设也是社会主义建设的重要命题，没有了好的社会风气，经济虽然能够取得一定的发展，但这种发展已经失去了应有的社会意义。没有社会诚信等精神文明建设，即使经济取得了一定的进步，也不会长远，也就偏离了社会主义建设的目的和方向。

---

① ［英］亚当·斯密：《国富论》，唐日松译，华夏出版社2005年版，第14页。
② 《邓小平年谱（1975—1997）》（下），中央文献出版社2004年版，第705—706页。
③ 《邓小平文选》第三卷，人民出版社1993年版，第154页。

三、社会诚信建设是促进社会主义民主政治的重要支撑

社会诚信建设的政治意义主要体现在政务诚信和司法公信建设的价值方面，政务诚信是社会诚信的基础，司法公信是社会诚信的保障，它们制约和影响着社会其他诚信建设。因此，政务诚信建设就是要解决政务领域的失信行为，提升政务和司法公信力，体现人民主体的原则，促进社会主义民主政治的发展。

社会诚信建设就是要解决政务领域中的失信行为，提升政务部门的公信力。诚信缺失在政务领域就表现为政务诚信缺失的问题，由于我国处于社会转型和经济高速发展时期，政务失信已经成为我国民主政治建设中的一个重要问题。从"郭美美事件"开始，导致了民众对"红十字会"的信任危机，慈善机构的募捐额迅速减少；政府公布的平均工资总会有"被平均"的自嘲；政府官员的一些善举，比如邀请农民工吃饭等，被视为"政治作秀"；更有"表叔""房叔""临时工"等事件，导致了公众对政府的信任急剧下降。于是，有学者把这种现象称为我国的"塔西佗困境"或"塔西陀陷阱"。"塔西陀陷阱"是古罗马政论家普布利乌斯·克奈里乌斯·塔西佗在解说他的执政思路时得出的结论。他认为当政府不受欢迎的时候，好的政策与坏的政策都会同样得罪人民。这里不受欢迎主要是指政府的公信力问题，当公信力下降的时候，政府不管说真话还是假话，做好事还是坏事，都被认为是假话。再加上网络舆论生态的炒作和影响，使民众产生了"老不信"或"总往坏处想"的社会心理。比如，对官方数字、政策、行政行为、政府权力的不信任；对专家的解释、辟谣不信任，并戏称为"砖家"；对主流媒体信息的不信任，宁可相信一些小道信息。因此，政务诚信建设就是要规范政府行政行为，提升政府的公信力。我国政府诚信缺失的原因之一，就在于缺乏公开透明的运行机制，不便于监督和管理。比如当前在公共权力行为中流行"潜规则"，在明文规定

性的政策之外，总有一些"权权交易""权钱交易"和"权色交易"等非法的、见不得阳光的不成文的另类规矩。说一套，做一套；人前一套，人后一套；台上一套，台下一套。其本质就是以权谋私的严重不诚信行为，在人事行政上跑官要官，吃喝拉关系；在公共资源上，利用潜规则给"官二代""富二代"开后门；在政府采购或招投标中，行贿受贿送红包等。这些现象大多被称为"潜规则"，之所以称为"潜"，就在于不透明、不公开，拿不到台面上来，说官话搪塞群众，不干实事。"解决的办法其实很简单，就是公开透明，打开窗户说亮话，讲真话干实事。政务诚信的关键就在于'公开性'，公开透明会将一切弊端暴露于光天化日之下，使讲假话不讲诚信的人无地自容，众目睽睽之下搞特权搞腐败也很难成行。"[1] 所以，《社会信用体系建设规划纲要（2014—2020年）》特别提出，政府要以身作则，带头推进政务公开，依法公开在行政管理中掌握的信用信息，提高决策透明度，以政务诚信示范引领全社会诚信建设。此外，要处理好政府的角色定位，提升公务主体的诚信素养。随着经济社会的发展，民众的主体权利意识不断增强，他们对政府的心理预期和监管意识都发生了较大改变。因此，需要对政府部门进行重新定位，从单一管理模式向综合服务模式转变，走服务型管理的路子，这才是获得公信力的重要途径。此外，还要提升公务主体的公务能力和诚信素养，一般认为，政务诚信是公务人员的底线道德，突破了这条底线，就不再是道德问题，而变成了法律问题，所谓的"潜规则"实际上是一种暂时还没有被监管的违法行为。所以，政务诚信，既要把宣传教育和官德修养统一起来，又要把诚信建设和失信监管结合起来。围绕诚信问题，在各级各类部门中加强宣传教育活动，同时公务人员要加强自身的官德修养，做到言出必行，不失信于民。此外，加强对政府行为的监管力度，逐步改变"内部监督太软、群众监督太远、纪检监督太晚"等问

---

[1]　袁刚：《政务诚信的关键在于"公开性"》，《同舟共济杂志》2012年7月27日。

题，使政务失信行为受到相应的惩罚。

社会诚信建设就是要充分发展社会主义民主政治，保障人民主权。人民主权的原则是我国社会主义民主政治的重要表现，它和党的领导、依法治国构成了我国民主政治的三大原则。进行社会诚信建设，就是通过民主政治充分保证人民当家做主的权利。"民主政治，是凭借公共权力，和平地管理冲突，建立秩序，并实现平等、自由、人民主权等价值理念的方式和过程。"① 与之相对的是神权政治、专制政治、权威政治等形式，他们的统治大多采用"愚民"的措施，"民使可由之，不可使知之"，便是其政治信条。尽管西方资本主义社会也号称民主政治，但其根本的阶级对立，决定统治阶级必然把自身的利益说成全体利益，而无法从根本上表达它对无产阶级的剥削。因此，这些政治制度决定他们违背了"诚信"原则。只有社会主义社会民主政治，才真正实现了人民利益的根本一致性，才从制度上保证了社会诚信的真实性。但由于人民内部矛盾的存在，利益层级的多元，社会失信行为仍在一定范围内存在。所以，进行社会诚信建设可以充分发展社会主义民主政治，保证人民权利的实现。一是社会诚信可以有效地化解矛盾与冲突。社会主义社会的初级阶段，决定了社会成员利益诉求的多样性，由此产生的分歧和矛盾是不可避免的。社会诚信可以使全体人民在根本利益一致的基础上，通过人民内部的办法解决这些矛盾纷争。二是社会诚信可以维持法律的权威。社会主义法律是人民意志的体现，社会诚信尽管是法律的上限规定，但它可以把行为控制在道德范围内，避免法律的制裁。社会诚信就是做到有法可依、有法必依、执法必严和违法必究，通过法治的方式保证社会的秩序化。三是社会诚信可以有效地保证公共权力为民所用的原则。公共权力具有普遍的约束力和强制力，它是人们解决矛盾纷争的重要规约。我国的公共权力是人民赋予的，它从根本上看就是要保证民众的利

---

① 赵虎吉：《什么是民主政治》，《学习时报》2004 年第 181 期。

益。因此，社会诚信建设，就是要保证立党为公、执政为民。政府在处理与民众权益相关的问题时，要对相关的事宜解释清楚，保证民众的知情权、参与权、表达权和监督权。对民意要虚心接纳，增强政府与民众的沟通，才能提升政府的公信度。另外，随着信息技术的发展，各类新兴媒体的兴起，每个人都拥有了话语权，过去那种依靠信息隐瞒或者遮掩真相的做法已经不能适应于当前的需要，于是需要加强政府的解释能力，把相关的公共事务解释清楚，以理服人。

四、社会诚信建设是促进社会和谐维护社会健康运行的重要保证

诚信是社会秩序的重要表现，没有诚信，社会也就没有秩序，没有秩序，社会便无法健康运行。因此，进行社会诚信建设就是要维护社会的安定有序，保证社会的文明和谐。

社会诚信是任何一个社会都不可缺少的公共生活规范，是各种社会形态中公认的行为规则、道德规范和法律制度。这种社会生活规范是"多少世纪以来人们就知道的、千百年来在一切行为守则上反复谈到的、起码的公共生活规则"。① 社会群体、阶层和个人要通过秩序来维护社会的运行，而这种秩序是以利益制衡和社会诚信为基础的。这两个基础是相互支撑、共同作用的。一般认为，强制性的利益制衡，是经济社会层面的控制，它是社会秩序稳固的制度基础；良好的社会诚信氛围，是思想精神层面的控制，它是社会秩序运行的文化基础。阶级社会中，社会稳定更多的是依靠强制性的利益制衡，保证社会各个阶级社会地位的相对固化，从而实现了社会秩序的稳定。在这种社会状态中，社会诚信只是社会秩序的辅助性的文化因素，即使这样，统治阶级仍然会强调诚信的社会作用。如孔子说，"上好礼，则民莫敢不敬；上好义，则民莫敢不服；上好信，则民莫敢不用情"（《大

---

① 《列宁专题文集·论马克思主义》，人民出版社 2009 年版，第 260 页。

学·传之三》)。这样通过建立在社会层级示范基础上的社会诚信，实现了与利益制衡的有机结合，才造就了我国数千年的封建文明。随着我国改革开放的深入和发展，经济建设过程中出现了经济利益的多元化，个人的自我意识也随之不断增强。因此，在我国社会转型的过程中，利益制衡的制度尚不完善。缺乏制度性约束的社会秩序，需要更多社会诚信的文化支撑。但很遗憾的是，我国变化相对迟缓的文化秩序无法满足急剧的社会变迁。于是，中国的现代性在构建社会制度的同时，也瓦解了社会秩序中的道德权威，消解了最为重要的终极性的道德价值，人所赖以生存的超越性整体消失了，导致了道德相对主义的盛行。所以，当下加强社会诚信对于维护社会稳定，重建社会秩序具有极为重要的意义。

社会诚信建设可以有效地保障我国社会的健康运行。其一，社会诚信建设可以保持不同社会阶层之间的相互信任。我国的社会阶层具有上层阶级化和下层碎片化、中间阶层的初步形成和阶层结构开始定型化等特点。[①] 随着各个阶层的相对固化，人与人之间缺乏必要的沟通和信任，会直接导致社会不稳定因素的出现。因此，进行社会诚信建设首要就是保持不同社会阶层之间的信任。其二，社会诚信建设可以使社会规范得以正常施行和维护。社会规范和规则的认同和遵守是社会关系体系中的社会秩序是否能够维持下去的关键性因素，而规则的认同和遵守的基础是个体能够保持对社会和他人的信任。如以互信为基础的家庭婚姻关系，如果违背了诚信这一原则，会产生大量的问题，比如夫妻共同债务，等等。"大量夫妻共同债务纠纷在夫妻离婚诉讼中或离婚后突然出现，且夫妻一方的亲戚或朋友作为债权人情况突出，存在伪造夫妻共同债务或以虚假夫妻共同债务抗辩损害夫妻另一方或善意债权人合法权益的可能。因债权人身份特殊，掺杂家庭关

---

① 丁武：《转型时期我国社会分层结构探析》，中国改革论坛网，2012 年 4 月 17 日，见http://www.chinareform.org.cn/society/manage/Forward/201204/t20120416_139469.htm。

系，案件事实往往难以认定"。① 可见，违反了建立在互信基础上的社会规则，对其不信任或不认可，将会直接影响到社会规范的实施和维护。其三，社会诚信建设可以有效地控制无序和冲突。我国的社会诚信是建立在社会主义核心价值观基础上的，它所内含的"集体"价值取向决定了其根本利益的一致性。当然，随着经济社会的深入发展，根本利益一致基础上的矛盾与冲突也是不可避免的。一方面，社会诚信通过道德规范的方式把部分冲突化解在萌芽的状态，避免冲突行为的产生，另一方面，它通过法律制度的方式控制不诚信行为，保证社会公平和正义。因此，社会诚信也是一种社会控制，它在社会秩序中发挥重要的作用。

---

① 《诚信缺失　夫妻共同债务纠纷不断增多》，《法制日报》2013 年 7 月 8 日。

第二章　中西方主流意识形态中社会
诚信建设的资源继承与借鉴

社会诚信思想是中西方主流意识形态中的一项重要内容，其内涵极为丰富，包括国家治理中的政务诚信、公共生活中的社会交往、职业生活的原则、家庭生活的秩序等多方面的内容。无论是中国传统文化，还是西方主流意识形态都非常重视社会诚信的地位，将其视为从政之道、处世之道、交友之道、职业交往之道和家庭和谐之道。

第一节　中国传统文化中社会诚信建设的继承与发展

中国传统文化是儒、道、法等诸家思想共融的一个文化系统，以"仁""义""忠""孝""礼""信"等为核心的儒家思想不仅是中国传统文化的最基本的组成部分，也是中国思想文化的核心要素，儒家思想渗透在中国传统文化的各个领域，是中国古代政治、经济、伦理以及家庭生活的重要精神支点。以儒家思想为核心的中国传统文化中的社会诚信观念不仅是中华民族共同的诚信心理需求，也作为一种文化沉淀于人们的心理层次，影响着各阶层社会成员的思想和行为。通过对中国传统文化中社会诚信思想的考察，不仅可以把握传统社会诚信思想在古代社会的发展脉络，而且可以洞悉中国人特有的民族文化心态和对社会诚信观念孜孜不倦的追求心理，有助于更进一步厘清中国古代社会诚信思想发展和演变的轨迹。

一、中国传统文化中的社会诚信观

"诚信"不是一种抽象的理论形态，它在不同领域中有不同的表现方式。在个体精神领域，诚信是社会个体的主体修养和核心品质，是社会对人这一社会个体最基本的道德标准或道德要求；在社会文化领域，则是社会意识的有机组成部分，是人们社会生活领域的诚信意识和行为的反映，体现在国家治理、公共生活、职业生活和家庭生活之中，也是社会生活过程中的公平正义原则的体现。具体来说有以下四个方面：第一，国家治理中的社会诚信是调节国家与人民之间的关系；第二，公共生活中的社会诚信是社会公德的重要组成部分，它调节的是人与社会、自然的关系；第三，职业生活中的诚信是职业道德的重要组成部分，它调节的是人在职业活动中的行为规范；第四，家庭生活中的诚信是家庭美德的重要组成部分，它是调节家庭内部成员以及家庭生活密切相关的人际关系和行为规范。

（一）国家治理中的社会诚信观

在中国传统思想中，法家在各种学派当中是不太重视道德的功用的，主张治国应依法而不以德，但法家还是将"诚信"作为一种治国的手段而加以运用。商鞅把"诚信"等道德规范归入治国的"六虱"之中，视为治国的重要手段，极其重视诚信的政治意义。商鞅还提出讲诚信是治理国家的重要原则。他说："国之所以治者三：一曰法，二曰信，三曰权。"[①] 于是就有了"立木取信"来推动改革的故事。商鞅在秦国推行法治过程中，对于太子犯罪也不姑息，"刑其傅公子虔，黥其师公孙贾"（《史记·商君列传》）。商鞅在治国时以"诚信"为出

---

① 高亨：《商君书注译》，中华书局 1974 年版，第 110 页。

发点，国策一出，完全按其所规定的执行，不偏袒亲属，不欺骗百姓，得到了人们的拥护。韩非子曾说："巧诈不如拙诚。"① 韩非子还提出了"明主积于信""有信而无诈""赏罚有信"等主张。韩非子曰："其为人也，坚中而廉外，少欲而多信。夫坚中则足以为表，廉外则可以大任，少欲则能临其众，多信则能亲邻国，此霸者之佐也。"② 能帮助国君成立霸业之人，必须是"少欲而多信"，这样的人才能服众，才能亲近邻国。韩非子还说"忠信"是"礼"的根本，君主治国必须取信于人。"小信成则大信立，故明主积于信。"③ "明于治之数，则国虽小，富；赏罚敬信，民虽寡强。"④ 从商鞅和韩非子的言论当中可以看出古代法家思想中关于社会诚信论述另辟蹊径、颇为独特，将社会诚信作为一种重要的治国手段而加以重视。对于国家治理中的社会诚信，管子也多次提及，"用赏者贵诚，用刑者贵必""赏罚不信则民无取"，这些都说明管子认为国家必须诚信待人，只有做到"言必信，行必果"，才可以人心稳固，才可以国泰民安。

（二）公共生活中的社会诚信观

在传统社会公共生活领域中，社会诚信观首先表现在对于"信"的系统阐述上。孔子把"信"看作人的立身之本。孔子曰："狂而不直，侗而不愿，悾悾而不信，吾不知之矣。"⑤ 意思就是狂妄而不直率、无知而不谨慎、外表诚恳而内心不讲信用的人我是无法理解的。孔子还强调"信则人任焉"。⑥ 意思是讲诚信的人就能得到别人的任用，其将"信"作为"文、行、忠、信"四教之一，并且在施教过程中，灌输"言而有信、行而有信"的思想。简而言之，孔子认为"信"的标准就是"义"，孔子关于"信"的阐述体现了社会诚信思想

---

① （战国）韩非撰：《韩非子集释》（上）卷七《说林上》，上海人民出版社1974年版，第436页。
② 《韩非子集释》卷三《十过第十》，上海人民出版社1974年版，第195页。
③ 《韩非子集释》卷一《外储说左上》，上海人民出版社1974年版，第621页。
④ 《韩非子集释》卷五《饰邪》，上海人民出版社1974年版，第308页。
⑤ 《论语·泰伯》，《十三经注疏》标点本，北京大学出版社1999年版，第105页。
⑥ 《论语·阳货》，《十三经注疏》标点本，北京大学出版社1999年版，第235页。

在公共生活中的深远意义。其次，体现在"信"与"诚"的结合上。孟子继承并拓展了孔子关于社会诚信的思想，由单纯的论"信"过渡到论"信"与"诚"的相结合，并提出了"思诚"的命题，而且对如何"思诚"进行了比较详细的阐述。孟子曰："诚者，天之道也；思诚者，人之道也。至诚而不动者，未之有也；不诚，未有能动者也。"① 即孟子认为，"诚"不仅是自然界的规律和最高的道德范畴，而且是做人的根本道德准则。孟子还将"信"视为五伦之一，奠定了社会诚信在传统文化中的地位。使"信"从一般的道德规范变成五种基本伦理关系之一，提升了"信"在社会道德中的地位，孟子曰："人之有道也，饱食、暖衣、逸居而无教，则近于禽兽。圣人有忧之，使契为司徒，教以人伦——父子有亲，君臣有义，夫妇有别，长幼有序，朋友有信。"② 把"信"看成是朋友之间交往的基本道德准则，体现了"信"在处理人际关系中的重要地位。第三，还体现在"道"中。在中国道家思想中，社会诚信则是存在于"道"之中，是"道"派生出来的一种"德性"。老子认为，"道之为物，惟恍为惚。惚兮恍兮，其中有象；恍兮惚兮，其中有物。窈兮冥兮，其中有精；其精甚真，其中有信。"③ 既然"诚信"存在于"道"中，是圣人必备的一种品格，就应该以诚信为本，生活中处处讲诚信。故老子说："信不足焉、有不信焉。由其贵言也。"④ 提出了社会诚信在人际交往中的重要性。另外，老子自己非常坚守信德，他曾说："信者，吾信之；不信者，吾亦信之，德信。"⑤ 即使对不守信用的人，也要信任他，这样才可以使人人守信，反映了老子对真实、诚信的追求。

（三）职业生活中的社会诚信观

在中国传统文化中，职业生活中的社会诚信主要体现在各种商

---

① 《孟子·离娄上》，《十三经注疏》标点本，北京大学出版社 1999 年版，第 200 页。
② 《孟子·滕文公上》，《十三经注疏》标点本，北京大学出版社 1999 年版，第 146 页。
③ 朱谦之：《老子校释》，中华书局 1984 年版，第 88—89 页。
④ 《老子·第十七章》，中华书局 1984 年版，第 69—70 页。
⑤ 《老子·第四十九章》，中华书局 1984 年版，第 194 页。

业活动之中，在古代商业活动中，人们坚信凡事以诚待客，先为顾客着想，方能使得顾客盈门。诚信是商业活动的灵魂，是各种商业竞争的最佳手段，是商人的一张真正的"金质名片"。"试招天下客，誉从信中来"是千古经商的不变法则。诚者心也，即真心实意，推心置腹；信者誉也，即视信为本，珍誉如金。凡事要讲求一言九鼎，恪尽守信之本，承诺如金；要待客平等、童叟无欺，以信取天下，以信暖客心，方能续其事业。被后人尊称"商圣"的范蠡就十分重视诚信在商业活动中的作用。所谓诚信为本，首先要货真价实。货真，就是商品要有适用的使用价值，具体体现为质量；价实，就是薄利多销和买卖公平。范蠡在经商过程中十分强调商品的质量，严把质量关，做到诚实无欺。庄子说"无行则不信，不信则不任，不任则不利"（《庄子·杂篇·盗跖》），意思就是没有德行就不能取得别人的信赖，不能取得别人的信赖就不会得到任用，不能得到任用就不会得到利益。就极为高明地论述了诚信对于商业活动的意义所在。法家思想的代表人物管子在《管子·乘马》提出"非诚贾不得食于贾，非诚工不得食于工，非诚农不得食于农，非信士不得立于朝"。[①] 其意思就是不仅统治阶级须守诚讲信，各行各业的人都讲诚信，社会才能正常运转。这些内容也是告诉我们只有以诚实的态度对待自己的工作，方可事业有成。

（四）家庭生活中的社会诚信观

中国传统社会中历来重视家庭生活，并提出家庭生活中的诚信是家庭关系的基石，诚信对夫妻关系的稳定和家庭的和谐有着积极的意义。如儒家思想中对夫妻关系的论述，魏征曰："夫妇有恩矣，不诚则离。"（《群书治要·体论》）也就是说，夫妇间如不讲诚信，就会互相猜疑，貌合神离，同床异梦，甚至导致家庭破裂。在中国历史上，夫妻间互敬互爱并恪守诚信的动人故事数不胜数。众所周知的诸葛亮

---

① 《管子校注》卷一《乘马第五·右务市事》，中华书局 2004 年版，第 91 页。

"少有逸群之才，莫霸之器，身长八尺，容貌甚伟""亮有妻黄氏、发黄而黑、才能独优，亮不嫌丑陋"（《三国志》）。但他将别人的讥笑置之度外，与妻相敬如宾，以诚相待，诸葛亮与其妻堪称夫妇诚信的楷模。反之，夫妻间若不讲诚信，家庭就不会和睦。诚信不仅对夫妻关系有很大的促进作用，对于家庭成员间的关系也具有很大的影响。此外，中国传统文化中非常重视家庭对孩子的诚信教育，如曾子《杀猪教子》的故事告诉我们，言必信，行必果，为尊长者更应为后辈做出表率。

《周易·序卦传》中说道："夫妇之道不可以不久也，故受之以恒。"夫妇关系的恒久，实际上是指社会和谐关系的稳定与长久。而这种稳定与长久正是源于自然天地之恒久。所以，从自然天地之道，直至人伦夫妇的最小社会单元，形成秩序关系的整个过程，恰是人际和谐取法于自然和谐的基本过程。《太平经》认为至诚是天地之道，"至诚所加，物有自然""天下之事，忠孝诚信为大，故勿得自放恣"，忠孝诚信在道家思想发展中都有重要的地位，家庭成员之间要互助互爱，孝敬父母，夫妻互敬互爱，兄弟之间互相帮助，家庭成员之间才能和睦相处，家和了才能国太平。

二、中国传统社会诚信制度的变迁

（一）中国传统社会诚信习俗

在对社会信任类型的探讨中，张康之根据熟人社会和陌生人社会的交往与农业社会、工业社会和信息社会的基本历史形态，将社会信任区分为"习俗型信任""契约型信任""合作型信任"三种类型。中国传统社会就是一个典型的农业社会，因此其信任模式正是典型的"习俗型信任"。[①]

---

① 张康之：《在历史的坐标中看信任——论信任的三种历史类型》，2006 年 4 月 14 日，见 http：//theory. people. com. cn/GB/49150/49152/4300010. html。

1. 纲常伦理中的社会诚信习俗

中国传统社会的纲常伦理，一般可概括为"三纲五常"。所谓"三纲"，就是"君为臣纲，父为子纲，夫为妻纲"。"五常"就是指"仁、义、礼、智、信"。中国古代纲常伦理中的社会诚信习俗一般在古代乡约中都有体现。朱熹的《损益蓝田吕氏乡约》开篇提出"事亲能孝，事君能忠。夫妇以礼，兄弟以恩，朋友以信。能睦乡邻，能敬官长，能为姻亲。与人恭逊，持身清约，容止庄重，辞气安和。衣冠和度，饮食中节。凡此皆谓之德"。乡约中"事亲能孝，事君能忠，夫妇以礼，兄弟以恩，朋友以信"是对五伦的进一步印证和诠释。王阳明《南赣相约》有云："故今特为相约，以协和尔民。……息讼罢争，讲信和睦，务为善良之民，共成仁厚之俗。"从这些乡约中都能看出，社会诚信观念已经约定俗成，逐渐被传承下去了。

2. 商业活动中的社会诚信习俗

在中国古代的商业活动中，社会诚信具有举足轻重的作用和至高的地位。中国历朝历代的商业活动都将诚信当作一条不成文的规范，是大家不得不遵守的一种集体约定，这种观念在"晋商"的发展史中尤为突出。晋商产生于宋元，鼎盛于明清，纵横捭阖，雄踞国内商界达五个多世纪，晋商之所以能够取得如此辉煌的成就，有很多重要的社会因素，但其中最重要的一点就是以诚信为本，讲求信义。晋商在长期经营活动中形成了以诚为本的经营理念，以"诚"为指导思想、价值观念和目标宗旨。晋商采用的是一种以地缘和乡土间的信任关系为基础的自我实施与集体惩戒机制。它通过声誉的自我维持与严厉的惩戒机制提高了执行的效率，并极大地降低了交易成本。晋商中一旦有人违约，就会受到团体内部其他成员的自动惩罚，其监督实施的成本非常低廉。违约者因声誉贬低会在未来的业务交往中增加交易成本，甚至会被剔除到交易团体以外，其违约成本非常高昂。在这样的一套集体惩戒机制下，讲究信义成为晋商的一项重要博弈规则。在这样的社会风气下，商人将严守信誉作为商业道德，在经营中坚持"义在利先"，对顾客、雇员甚至同行均是如此，这样的商业秩序被称为"儒商制序"。同时，商人们从自己的经营实践中也深深懂得只有讲求诚信，才能近悦远来。

（二）中国传统社会诚信制度

在中国古代社会，有关社会诚信的规约条令数不胜数，但从社会制度构建的角度来看的话，中国的"社会诚信制度"似乎并不那么明朗，与其相关内容大多出现在道德规范与风俗习惯之中，而成文法中的社会诚信制度则以"保举连坐"和"契约担保"两种最常见的形式为代表。

1. 保举连坐制度

《商君书》里曾经指出："信者，君臣之所共立也。"对治国者而言，若要建立一种诚信制度，它需要君主和臣子双方在"同利相求"的前提下借助某种公正而公开的外在手段，把"不信"转换为"信"，把原则落实为具体行动，并通过具体手段的落实把各种人连接成整体。保举连坐制度在中国古代就是一种惩罚性的制度，它有着很深层次的社会统治的技术含量。在中国古代，从国家控制的目的上来说，连坐可以说是一种有效的治理结构。正是人与人之间连带责任的大规模推行，在地方一级克服了信息不对称和技术、交通落后等制约因素，起到了维持政权的重要作用。连坐制度虽然严酷，但是它的惩罚性使得人与人之间不得不保持一种信任，由于统治者对被保举的人才并无多少了解，为了防止有人弄虚作假，采取一种惩罚措施，可以使相关人员都在规则下办事。连坐是一种小政府在有限的信息约束下控制大国家的有效手段。信息的不对称，容易导致欺诈行为的发生，严酷的刑罚措施，则让保举人不得不在深思熟虑后，诚实地举荐人才，否则有可能引来杀身之祸。在保举连坐制度中，由于外在强制的约束，促使当事人保持诚信，保举者和被保举者之间保持着信任。因此，可以把保举连坐制度看作是中国古代的一种诚信制度。

2. 契约担保制度

在中国古代，随着社会经济的发展，人与人之间、行业之间的关系日益复杂，由于债权和物权关系的频繁更易，便产生了契约。人们之所以缔结契约，是因为它是缔约各方对彼此权利与义务的承诺，是信誉的保证。这不仅为社会习俗所承认，而且也为法律所认同，如果发生经济纷争，司法官员可以根据双方签订的契约来加以解决，这也就是《周礼》所说的"凡以财狱讼者，正之以傅别、约剂"。契约一旦签订，双方当事人必须依法履行义务，否则，违约方要承担违约责任。汉代法律规定，违约一方除承担民事责任外，往往附之于刑事责任，官吏违约，还须追究行政责任。有的契约，在契约文内就对出卖人的违约行为及其所承担的法律责任作了明文规定。

担保制度在某种程度上确保了交易的安全性。担保人参与契约活动时，一般情况下既要居间介绍契约的订立，也要保证契约的履行，所以担保人会从自身利益出发严格审核交易的真实性，防止交易出现问题，从而尽心检验契约的每个环节。加之担保人所具有的身份地位，这种检验往往很容易做到，也能够保持其真实性，这也就使得契约欺诈不大可能发生，维护了交易的安全。由于有担保人以及其他见证人的存在，使得契约交易行为为大家所知，颇具公正意味，这在古代没有发达登记制度情况下显得格外重要，此时不仅维护了交易的安全，还维护了所交易之物的安全。

总之，我国古代的契约制度和担保制度，是一种典型的社会诚信制度，它要求人们在交易中必须立契，并赋予其维持和保证信用的重要作用。同时要求在契约关系中应贯彻诚实守信的原则，将契约信用制度纳入经济管理和法制的范畴，以维护古代简单的商品生产和商品交换秩序。

三、中国传统社会诚信培育

据史料记载，早在 4000 多年前的夏代，中国就有了最早的学校教育，伴随着学校教育的出现，也产生了相应的为统治阶级利益服务的教育目标和教育任务，培养具有社会诚信品格的人也正是其目标和任务之一。

（一）中国传统社会诚信培育的目标

孔子提出"仁、义、礼"为"三德"，孟子在"仁、义、礼"基础上加上"智"构成"四德或四端"，汉代大儒董仲舒又在"四德"的基础上加入"信"，并将"仁、义、礼、智、信"说成是与天地长久的经常法则（"常道"），号"正常"。曰："仁、义、礼、智、信五常之道"（《贤良对策》）。中国古代教育就是要培养具有"仁、义、礼、智、信"完美品格的"君子"，而"仁义礼智"都需要一个"信"的根基，因此其对于诚信的教育一脉相承。"诚信"是封建伦理道德的核心，也是封建教育最基本的目标。由此可见，中国传统社会诚信教育的目的在于夯实封建社会秩序和论证道德规范合理性，塑造封建统治所需要的"君子风范"和"朴实民风"。因此，中国传统社会诚信教育要培养的就是对统治阶级、对封建制度诚实谦恭、对封建伦理忠贞不贰的顺民百姓，具有明显的政治意图和伦理精神。

（二）《大学》中的社会诚信培育思想

《大学》是《礼记》中的一篇，相传是孔子的大弟子曾子所作。《大学》在中国历史上一直都是统治阶级进行宣传教育的奠基之论，尤其是南宋时朱熹将《大学》与《中庸》《论语》《孟子》举为"四书"之后，更成为天下学子研修高深学问的纲领性典籍。《大学》一书中充满了中国传统儒家思想对"诚"的深刻理解，这种理解深深地影响着中国传统的大学教育。《大学》开篇提出的"大学之道，在明明德，在亲民，在止于至善"构成了《大学》的基本思想和纲领。在三纲领之下是八条目，而"诚意"为八条目之一，其主要作用是对修身的补充说明。《大学》认为："所谓诚其意者，毋自欺也。如恶恶臭，如好好色，此之谓自谦。故君子必慎其独也。"① 意思就是保持意志、意念的诚敬，不自欺欺人，就像"如恶恶臭，如好好色"是出自本能一样，这样就做到了慎独。《大学》在肯定"诚于中，形于外"的同时，又指出"欲诚其意者，先致其知"，认为"诚其意"要以"致其知"为条件，需要得到后者的补充，这一思想显然又与《中庸》的"自明诚"相似。因此，《大学》的"诚其意"既是内在的精神体验，又包含了外在的经验认知，既是由内而外，又是由外而内，它后来发展为《中庸》"自诚明"和"自明诚"。而在"明明德"的过程中，"格物、致知、正心、诚意"是为四目，在这四目中，"诚意"是正心的基础，"正心"是"致知"的目的。"诚意"和"正心"又共同构成了"修身"最重要的方面，而最后，"修身"是"明明德"最关键的步骤，也是"亲民"的最大前提。正是由于心正意诚，才能修成完善的道德和高尚的学识，进而推而广之，齐家治国平天下。综而观之，在中国传统大学教育中，社会诚信观念的培育正是通过个人"修身"来达到的。

（三）古代书院中的社会诚信培育思想

中国的书院产生于唐代，在宋明时期达到鼎盛。在封建专制统治下的中国，官学为政府所把持，其作用是强化统治阶级的统治。而民间开办，或者民办官助的书院不但为自由的学术研究提供了研习场所，同时也弥补了官学数量上的不足，有效地调动了学生学习的积极性。自唐至五代，以至北宋，书院在人才培养和文化传播方面都起到了积极的作用，客观上成为中国古代最重要的高等教育机构所在。南宋大儒朱熹修复并主持的白鹿洞书院被誉为我国四大书院之首，是中国历史上第一所完备的书院。

朱熹在白鹿洞书院创立与理学相结合的办院和教学模式，并制定了颇有特色的学规——《白鹿洞书院揭示》，《揭示》中，"信"是

---

① 曾参：《大学》，梁海明译注，远方出版社 2007 年版，第 38 页。

"父子有亲，君臣有义，夫妇有别，长幼有序，朋友有信"五教之一，这"五教"皆源自于尧舜。而"言忠信"又是"修身之要"。《揭示》明确规定"明人伦"是书院教育之目标，"学者学此而已"。由此可见，白鹿洞书院的中心任务就是"修德"，而"信"正是书院教育必定修行的德行之一。

四、中国传统文化中社会诚信建设的传承价值

在现代社会诚信建设过程中，既要反思传统社会诚信的局限性，契合现代社会的需要而注重诚信的制度化和体系化建设，也要吸收传统文化社会诚信发展中积累的优秀成果，重视社会诚信观念的培育。

（一）社会诚信观念的培育

传统修身观念对培育个人诚信修养有重要的指导意义。现今社会个人诚信道德缺失的主要原因之一，是在市场经济条件下，人们的价值观念出现了严重的偏差，诚信原则的是非荣辱观出现了颠倒或颠覆。他们认为那些善于诈骗、能够轻易发财致富的人是聪明人，而诚实守信、勤劳致富的人则是愚人；许多人不以欺骗为耻，反以为荣，不以诚信为荣，反以为耻。要将人们这种颠倒了的价值观念扭转过来，应从思想上牢牢树立起社会诚信的道德观，要大力开展社会诚信的宣传和教育。通过宣传教育，培育孔子所说的"信以诚之君子哉"（《论语·卫灵公》）。诚信虽然是个人修身的必备内容，但并不是说单独靠个人力量就能达到诚信的目标。宣传教育对个人的诚信道德规范的修炼极为重要，我国古代社会的法律体系中对诚信缺乏明确的法律规定，但社会生活秩序在以诚信为基础的道德规范的调整下有条不紊地进行着。古代社会的读书人在读"四书""五经"时已饱受了诚信思想的熏陶，因而在以后的为人处世中以诚信来约束自己的言行。

因此，对社会诚信观念的培育可从以下几方面入手：其一，应从小就培育人们的诚实守信的道德观。对每个人的诚信教育应从小做

起，要让诚信教育走进大、中、小学的课堂，乃至幼儿园。同时，也让诚信教育成为企业员工培训、再教育的课程之一。其二，应在宣传中确立符合大众期望的荣誉感。对诚实守信的典型行为要及时宣传表扬，增强诚信者的美誉度，能够受到社会的承认和尊重。其三，在诚信宣传教育中还应将诚信教育内容通俗化、具体化和大众化。当前的很多人对我国传统的诚信思想和相关的表述并不完全理解。比如孟子说的"诚者，天之道也；思诚者，人之道也"（《孟子·离娄上》）。它的意思是，诚是自然界和人事社会最高的道德范畴，是宇宙的自然规律，追求诚是做人的规律，人道之诚是"天道之诚"的效法。如果不把它翻译成白话文，恐怕很多人难以准确地理解它的意思。宣传诚信思想就是要让普通人都能听得明白、看得明白、记得住、用得着，像我国古代的启蒙教材《三字经》之类的，这就要求把诚信的观点进行语言上的改革，使诚信用语简明扼要、通俗易懂、朗朗上口。

（二）社会诚信制度的完善

社会诚信制度化是现代市场经济信用发展的需要。诚信制度化的正当性，源于传统诚信之德的社会基础的瓦解以及市场经济本身潜存的各种道德风险。首先，传统诚信之德在当代社会受到了挑战，即传统诚信的甄别方式、传播范围和维系机理不能满足现代信用经济发展的需要。现代市场经济社会，资本的扩张导致商品交换的频繁性和跨地域性，使得交易对象由"熟人社会"转向"陌生人社会"，尤其是赊销、赊购、预付款、贷款等有条件让渡的价值不同步实现的信用交易的普遍化。这种以事前对承诺的信任为媒介的交易形式，需要快速和准确地了解交易方的诚信记录和把握其诚信度，以节省交易成本和降低交易风险，故而市场主体的诚信信息就成为可交换的产品。显然，个人和企业诚信信息需要的广泛性和快捷性，使得传统社会的那种运用生活观察、通过多次博弈来测定行为者诚信度的私人经验积累型诚信记录模式，已不能满足现代社会快速了解和把握市场主体诚信信息的需要。其次，市场经济本身内生规则和运行机制存在着诱发非诚信行为的土壤。市场经济存在的信息不对称性，易于引发逆向选择和道德风险，导致信息占有优势一方欺骗的败德行径。再者，我国社会转型加速期所呈现的社会结构和经济结构加速度的整体性跃迁，新旧体制衔接处因制度缺漏而产生的"缝隙"所形成的牟利空间，往往易于滋生各种投机欺诈的行为。综上所述，建立和健全信用的相关制度，为社会诚信利益冲突和矛盾的解决提供标准化的范式，则成为现代市场体系完善的必然。

（三）社会诚信制度体系的构建

现代社会诚信建设不仅需要制度化，即注重社会诚信基本道德要求的法制化和规章化建设，同时，也需要加强社会诚信制度的体系化建设。因为从制度形式构成来看，制度作为一种规范化的规则体系，既有法律、法令、章程、条例等硬规，也有风俗、习惯、道德等软规。制度表现形式的多样性表明，社会诚信制度建设，不仅包括国家层面的信用立法，同样也包括部门、地方政府的法令和条例等，尤其是我国现阶段，短期内国家层面的信用信息法难以出台且各地方信用经济发展存在的不平衡状况，部门法、地方法规和条例等建设则显得尤为必要。从实然存在的社会信用制度构成来看，它既包括社会征信制度，也包括信用市场管理制度和诚信奖罚制度。总而言之，制定信用信息流通的相关制度，在于确保征信机构能够合法、快捷地采集到个人和企业的信用信息数据；制定维护信用市场的管理制度，在于确保生产的信用产品的客观与公正；制定对失信的企业（包括信用管理机构）或个人的处罚条例，在于使个人和企业的信用记录和资质成为社会交往的印章，使信用信息能够对人们的当下及未来的利益发生重要影响，从而制约人们的投机失信企图。对于我们国家的社会诚信制度体系建设而言，既需要加快制定信用管理的主体法律，也需要根据我国信用经济发展的程度和特点尽快修改外围法。

第二节　西方核心价值体系中的社会
诚信建设的批判及借鉴

在西方核心价值体系中，社会诚信具有举足轻重的地位，并且"诚信"二字已融入了西方社会生活的各个方面。梳理西方社会诚信思想的发展脉络，汲取西方社会诚信建设中的精华及借鉴其经验，对加快我国现代社会诚信建设具有重要的意义。

一、西方社会诚信观

在西方文化当中，"社会诚信观"是牵涉宗教、哲学、法律、经济和社会政治核心内容的一个概念。同中国传统社会诚信观念拥有的德性文化背景相似，西方社会诚信观也是在西方社会长期的发展过程中逐渐形成的，具有深刻的历史文化背景。

（一）宗教生活中的社会诚信观

西方传统的社会诚信观与宗教信仰有很大关联。西塞罗在圣法中提到："许下的诺言得以认真践现"；"对违誓，神明惩罚是死亡，人间惩罚是破廉耻"。[①] 不管许下什么诺言，如果失信，就会受到神明的惩罚，这样才可以使更多的人引以为戒。基督教最基本的人际伦理原则就是"爱人如己"，在中世纪，西方曾将"爱人如己"视为自然法，它促进了西方社会诚信的发展。爱人如己的基督教人际伦理原则可以分为以下三部分：一是诚实，即言其所信、信其所言。《罗马书》中曾指出"爱人不可虚假"，所有人一定要怀着一颗真诚的爱人之心，说诚实的话，做诚实的人。二是行其所信。"你们愿意人们怎样待你

---

① 西塞罗：《论共和国·论法律》。王焕生译，中国政法大学出版社 1997 年版，第 226 页。

们，你们也要怎样待人。"① 如果想要别人热情地对待自己，自己也要同样的热情对待对方。在生活中，做到"言必信，行必果"，不违背自己的诺言，这样才是诚实。三是无害于人。所谓无害于人，即指人在主观上不能怀有害人之心，客观上不能有害人的因素，永远怀着"爱人如己"的心，真诚地对待身边的人。

（二）法律生活中的社会诚信观

在西方社会，法律上的诚信原则要求当事人在民事活动中诚实、善意地行使权利和履行义务。当今世界各国都普遍地规定和接受了此项原则，诚实原则也因而被称为民法中的帝王条款，成为规范社会主体行为的最高原则。法律吸收诚信观念始于罗马法，在罗马法中诚实信用观念体现在两个方面：一种是诉讼法领域的诚信，另一种是适用于物权法领域的诚信，也就是诚信诉讼和诚信契约。诚实信用原则在罗马法中被称为"善意原则"，这一个原则最初只适用于债权债务关系，被规定在商法中。在罗马法的诚信契约中，债务人不仅要按照契约的条款，更重要的是要依照其内心的诚实观念来完成契约的规定。诚信诉讼就是要求民事诉讼要遵循诚实信用原则。罗马法中的诉讼诚实信用原则主要是指当事人及其他诉讼关系人，包括代理人、证人、鉴定人等，在民事诉讼中应承担陈述真实情况的义务。罗马法确认诚实信用义务为法律上的义务，以善意的宣誓为其担保手段。可以说，罗马法规定的诉讼中诚实信用原则虽不十分清晰、完整，但涉及诚实信用原则的基本内容，奠定了诚实信用原则的基础。1901 年的《瑞士民法典》将诚实信用确立为所有民事活动的基本原则。任何人都必须诚实、守信地行使其权利并履行其义务，明显地滥用权利，将不受法律保护。如今，诚实信用原则已成为许多国家和地区民法的基本原则。

---

① ［英］摩根：《马太福音》，张竹君译，上海三联书店 2011 年版，第 16 页。

（三）哲学思想中的社会诚信观

随着西方社会诚信建设的发展，在哲学方面，还有另一种"诚信"的定义——博爱，这种定义是斯多亚哲学提供的。在斯多亚哲学里，宇宙这个自然整体包括人、动物、植物和无机物等各种东西。从高级到低级的阶梯模式为：神、人、动物、植物、无生命的东西。人处于仅次于神的位置，任何一种动物（包括人）都有一种天然的本能——自爱、自保、趋利避害。虽然人类优于动物，但是动物有的本领人类仍然没有，这就使得人在生活中逐渐意识到要以集体为生活单位，只有这样才可以团结起来对抗比自己强大的动物。然而团体生活需要的是互相爱护、互相帮助，即"博爱"，因此，随着西方诚信建设的发展，"博爱"也成为诚信观中一个重要的方面。

（四）经济生活中的社会诚信观

社会诚信是资本主义经济的基石。社会诚信作为资本主义的一种伦理观念对近代资本主义文化的理性化产生了极为深远的影响。它要求人们在经济中应当以严格的核算为基础，理性、富有远见和小心谨慎地追求所欲达到的经济成功。这与自给自足的小农经济形态截然相反，与行会师傅以及冒险家式的资本主义的那种享受特权的传统主义也大相径庭。事实上，在资本主义自由经济的内在发生机制中，社会诚信具有根本性的基础作用。

诚信在近代西方得到极大发展的主要表现是信用作为商品在市场上大量生产和销售，与信用有关的信息被加工成信用产品，卖给需求者。通过市场，使正面信用信息积累成为扩大信用交易的动力，负面信息传播成为约束失信人的震慑力量，从而形成市场经济运行机制的重要组成部分。马克思曾引述1847年《经济学家》书中的一段话，"资本与其说是任何一种商业交易的界限，不如说是用来建立良好信用的基础"①，其阐明了资本与经济信用的关系。恩格斯在 1844 年的《英国工人阶级状况》中指出，资本主义信用制度的建立、资本主义商业道德的发展、资本主义大工业的"道德化"等一切的根源，都在于资本主义生产方式运动的目标，在于赚取更大的剩余价值和更多的金钱目标。以上论述统统说明了一个问题，那就是在近代资本主义自由经济中，社会诚信是其内生的控制机制。

（五）政治生活中的社会诚信观

早在西方文明的源头古希腊，许多哲学家们的思想中就包含了契约理念和诚信政府的萌芽。如苏格拉底的契约义务论认为，公民应当遵守他与国家、法律所订立的契约；伊壁鸠鲁（Epicurus）对政治的诚信十分重视，他认为国家起源于自由人的"共同协定"，所以诚实地遵守这一项协定是人们的义务。西方著名社会学家吉诺维希充分肯定诚信在治国中的重要作用，他认为，信任是国家唯一的支撑物，也是国家稳定的维持物。古希腊文化中的契约观为政府诚信契约化的形成提供了重要的理论支撑和思想基础。另外，在西方法律文化传统观念中，契约理论和基督教文化也紧密地结合在一起，使人们确立了对契约神圣乃至法的信仰。契约是神圣不可侵犯的，主要是来自于上帝要人们信守诺言。社会契约的内容和形式决定了民主政治的宗旨，其蕴含的权利制约权力的基本理念在民主政治中得以体现。而由社会契约理论缔造的民主政治的一个最为显著的特点就是：政府应对人民诚实守信。民主政府没有权利要求民众信任，却有通过自己的言行证明自己可以被信任的义务，特别是当民众对政府言行有所怀疑时，政府必须履行这一义务。因此，社会诚信是民主政治的重要要素之一。

---

① 《马克思恩格斯全集》第 25 卷，人民出版社 1974 年版，第 496 页。

二、西方社会诚信制度

在西方社会制度体系建构中，有两种制度具有非常明显的社会诚信特质，一个是个人信用制度，另一个是证人宣誓制度。

（一）个人信用制度

个人信用是一种社会性的共同约定，在个人经济生活中起着"第二身份证"的作用。个人信用是一种建立在特定期限内对个人付款或还款承诺的信任基础上的能力，是个人无须付款就可以获取商品、服务或资金的能力。个人信用制度是根据居民的家庭收入与资产、已发生的借贷与偿还、信用透支、发生不良信用时所受处罚与诉讼情况，对个人的信用等级进行评估并随时记录、存档，以便信用的供给方决定是否对其贷款和贷款多少的制度。近代西方资本主义国家早期最主要的信用形式是商业信用，通常将英国于1830年在伦敦建立征信公司来规范信用销售者事件，作为近代信用制度的开端。随着西方国家金融市场的逐步形成和不断发展，银行信用逐渐取代了商业信用，个人信用成为重要的信用形式，个人信用制度也日趋完善。

目前世界上个人信用制度主要有两种模式，一种是欧洲推行的政府主导、联合私人模式。政府通过建立征信机构，强制性要求个人向这些机构提供征信数据，并立法对数据的真实性及个人隐私进行保护。另一种是美国模式，即受政府制约与规范的民营企业运作模式。一些部门或是企业、个人联合起来成立信证局，搜集各方面信息，银行、个人都要利用信用等级评估为己所用，信证局靠信用证明获取报酬。美国在个人信用制度建设方面，不仅有完善的个人信用档案登记机制、规范的个人信用评估机制、严密而灵敏的个人信用风险预警、管理及转嫁机制，而且还形成了较为完善的信用方面的法律体系。在美国，信用实质上已经成为一种商品。遍布美国的个人征信机构和追账公司等都是从营利目的出发，向社会提供有偿服务，完全实行市场化运作。这一切使得信用意识已经深入人们生活的各个方面，个人信用制度已成为西方发达国家基本的社会管理制度之一。个人信用成为整个社会信用的基础，而社会信用成为市场经济的基石。个人信用制度的建立对于西方形成诚信的社会道德规范，以及建立信用良好的市场经济运行秩序起到了重要的促进作用。

（二）证人宣誓制度

证人宣誓制度，虽不是一种庭审形式，但却是强化证人作证意识的责任机制，它可以有效地遏制或追究伪证、假证行为。目前世界各国的程序法中一般都有关于证人宣誓制度的规定。因为按照普通法，证人必须作出说真情的宣誓，才能听取他的证言。对于证人宣誓制度，有的法院是口头宣誓，有的法院是在制好的保证书上签字。无论哪种宣誓都能在以下两个方面起到作用：一方面是由于证人以承担法律责任的名义向法庭保证其所作证言的真实性，从而约束了证人证言；另一方面也是定案的需要，证人经宣誓质证以法庭记录的形式固定下来，作为定案的依据，如果证言反复，则应追究其假证的责任，证人出庭作证的宣誓制度，增强证人出庭作证的责任心、使命感、义务感，从而体现法律的尊严及权威。

宣誓制度起源于原始巫术仪式中的诅咒，表达了原始人对恶神的憎恶和对善神的信赖与遵从。宣誓仪式对西方法律文化的影响一直延续至今，德国和法国的刑法典、民法典与诉讼法中都有专门的关于宣誓及其所产生的法律后果的条款。启蒙思想家孟德斯鸠在《论法的精神》中说："誓言在罗马中有很大的力量，所以没有比立誓更能使他们遵守法律了。"在西方国家，"誓约"之所以能得到一种普遍的遵从，主要原因是西方文明来源于希伯来文明与希腊文明长期信仰基督教。在基督教的语境中誓言是一种很神圣的事情，一个信教的人手按《圣经》宣誓，就不仅仅是他与自己的良心宣誓而是向神的宣誓，这种宣誓事实上构成了他与神的一种契约。如果他违背了誓言就是违背了与神的契约，就要受到神的惩罚，所以正是人们的信仰决定了誓言对他起到有效的约束作用，而不仅仅是他的良心和社会舆论。

西方社会通过建立证人宣誓制度，把诚信的原则以一种法律化、制度化的形式向证人提出了要求。把诚信原则对证人的要求，转换为誓词的形式，达到变消极作证为积极作证，变拒绝出庭作证或作伪证为诚实作证。宣誓制度的意义在于对陈述者进行心理影响，强化其真实陈述的内心意志，诱发其内心道德良知，同时违誓还将受到承担法律责任的威慑，确保陈述真实。因此，在这个意义上，宣誓制度也是一种诚信制度。

三、西方社会诚信培育

（一）西方社会诚信培育目标

一般来说，西方社会诚信培育目标也是包含在整个教育目标的定位之中。这里以具有代表性的美国的高等教育目标以及其中蕴含的诚信内容为例，来对西方社会诚信培育目标进行阐述和分析。

美国的社会诚信教育目标作为德育目标的一个重要部分呈现出多元化的特征。美国是联邦制国家，教育管理体制是地方分权制，联邦政府对全国的教育没有直接的管理干预，所以至今没有一个统一表述的大学德育目标。但总体而言，其基本内涵可以表述为：力图使学生成为具有爱国守法精神和健全人格的、有用的、让人满意的社会大家庭中的一员，并最终成为积极进取的美国公民。[①] 1987 年，里根总统在国情咨文中强调，高校要培养以爱国、修身、守诺、恢复伦理道德和纪律等为主体内容的"国民精神"。其中"守诺"即是指作为一个合格的美国公民，必须具有诚信的品质。围绕这一总目标，各大学纷纷制定各自的具体目标。并将爱国主义、法制教育、文明史教育、价值观教育及心理教育等作为学校德育的重要内容。由此可见，美国的

---

① 谢雪：《中美大学德育的比较》，《教育探索》2002 年第 8 期。

社会诚信教育主要以培养合格的公民为核心的法制教育、以个人前途为动力的价值观教育、以诚信为中心的伦理道德教育、以历史为主要内容的爱国主义教育以及以健全人格为中心的心理教育等作为核心内容，其主题就是要培养具有社会责任感和诚信精神的美国公民。

（二）西方社会诚信培育途径

从传统的西方到现代的西方，社会诚信的培育呈现出许多途径，主要有以下几种：

1. 通过宗教信仰传递社会诚信观念

西方人大多都有各自的宗教信仰，通过个人的信仰，社会诚信观念在西方人的心中开花结果。例如，《圣经》中的"说谎言的嘴，为耶和华所憎恶；行事诚实的，为他所喜悦""作假见证的，不免受罚；吐出谎言的，也必灭亡"。在基督教中，神主动与人们签订合约，当人们违背合约时，就会受到神的惩罚。人们通过宗教信仰，在人格的形成上会受到影响，社会诚信观念便无形中深入人心。由此来看，宗教信仰是西方社会传递社会诚信观念的重要途径。

2. 通过法律维护社会诚信

西方的社会诚信与我国社会诚信最大的不同之处就在于，我国的社会诚信较多地体现在道德方面，而西方的社会诚信更多地体现在法律方面。早在罗马时代，社会诚信原则已成为契约关系存在的基础。在买卖合同中，罗马的合同法为交易提供了保障，当时的公平原则一直在商品交易以及法律诉讼案件中扮演着重要的角色，人们所说的诚信交易与公平交易是一致的，二者贯穿了中世纪和现代社会早期的商品交易。德国法中，在《德国民法典》中，有一部分是"债务人有义务依诚信并照顾交易习惯履行给付""解释合同应依诚信并考虑交易习惯"。《法国民典法》中关于诚信的法律被多玛（Domat）和波蒂亚（Pothier）的观点影响着。他们宣称："根据自然法和我们的习惯法，每个合同都是诚信的，因为诚实和正直在所有合同中具有并且应当具有公平原则所能够要求的全部内容"，如果一方违背了合同，"出卖方应当承担包括涉及隐蔽瑕疵担保责任的义务在内的各种义务，而且合同阶段的欺诈会导致合同无效。"当代的西方，联合国又颁布了《联合国国际货物买卖合同公约》，使人们在法律和交易行为习惯上同时具有保障，更加使得人们做到诚信交易。

3. 通过信息管理保障社会诚信体系

西方社会拥有一套很完善的信息管理体系，该体系由许多信息管理公司组成。对于信息管理，西方有很多相关的法律，例如，公平信用报告法、公平信用机会法、公平债务催收作业法、公平信用结账法等多达十几部。西方国家通过成立信息管理公司，为信息需求者提供可靠的信息，从而使得交易过程不会出现信息不对称现象，为商品交易提供一个真实的交易背景，使得交易双方可以更好地做到诚信交易。由此可知，在西方，建立完善的信息管理体系是保障社会诚信传承的重要手段。

四、西方核心价值体系中的社会诚信建设的借鉴意义

西方社会诚信建设和发展中的成功经验对推进我国社会诚信事业健康快速发展具有重要意义。

（一）社会诚信观念的培育

纵观我国各个方面的诚信观念，可看出其根源是我国传统的宗法社会，它的道德范畴是其以理念形态存在的重要原因之一。然而，西方社会诚信观念的发展初期便有了和我国完全不同的根源。在西方，早在罗马时代便建立了诚信契约制度。在诚信契约中，债务人不仅要承担契约规定的义务，而且必须承担诚实、善良的补充义务。诚信体现在社会的各个方面，因为西方的商品经济比较发达，社会分工极其明确，人与人、企业与企业之间的契约关系更加明显和重要，这就使诚信成为重中之重。起初，西方社会诚信观念大都以"善意"为基

础，随着社会的进步、经济的发展、法律文化的完善，1907 年，《瑞士民法典》正式将诚信纳为民法的基本原则。这使得诚信在法律层面上得到了进一步提升。诚信从道德理念发展到法律层面，这使诚信具有双重功能，不仅约束了人们的道德行为，更加在法律的强制性下使得人们更加诚信相处。

西方的经济发展促进了社会诚信体系的逐渐完善，我国要想改善诚信体系，不能完全学习西方，必须基于我国的具体国情。在诚信观念的培育上，我们应在法律层面上赋予诚信强制性的特点，在道德和法律上对人们的行为进行双层约束，坚持马克思主义立场中实事求是、解放思想和与时俱进的诚信观，在生活各个方面中树立相应的诚信观念。

（二）社会诚信制度的建立

1. 建设与现代商业关系相适应的诚信制度

我国的诚信行为在一定程度上就是一种道德行为，而且仅仅局限于熟人之间，双方不会怀疑彼此是否提供虚假信息，这种行为是符合当时农业社会发展需要的，但随着经济的发展，社会剩余价值的增加，人与人之间的交易越来越多，商品贸易的目的主要是营利，而不是仅仅为了亲情、友情，这给经济发展带来很大的负面影响。当前我国由于缺乏一套完善的市场监督体系，市场经济中存在很多因为信息不对称而导致的紊乱交易。可见，现代的商业关系也会出现由不诚信而造成的差错。因此，现代市场经济更应该从熟人关系转移到商业关系，以满足经济全球化发展的需要。只有这样，才可以在一定程度上增加市场交易的透明度，从而避免欺诈、违约现象的发生。熟人社会代表的是传统社会，以小农经济为基础，其中的诚信是与小农经济相适应的。而现在的问题是资本经济带来的商业社会，需要与之相适用的诚信体系。诚信只有与其所对应的社会形态相符合才是先进的。

2. 加强社会诚信管理

我国目前没有完善的社会诚信管理体系，应该借鉴西方的优良经验，在传承古代优秀社会诚信观的同时，成立信息管理公司，记录管理个人、企业、政府等诚信信息，就像西方发达国家一样，当信息需求者需要相关信息时，在一定的法律范围内，经过相关人员的允许，获取真实可靠的信息。目前我国市场经济发展过程中存在一些缺陷，交易双方获得信息的渠道并不是非常安全，获得的信息可靠度也有一定的限度，然而激烈的竞争最忌讳的就是获得虚假信息。我国如果有相关的法律作保障，并且有相应的机构为交易双方提供真实可靠的信息，那些不讲信用的企业、个人不仅会遭到法律的制裁，更会因为自己的失信而付出惨痛的代价。总之，只有教育传承和法律监管双管齐下，才可以使社会诚信行为越来越多，才可以使企业作出更加正确的抉择，市场失信现象越来越少。

第三节　中西方社会诚信建设的比较与启示

中西方文化在起源、背景和环境等方面存在很大的差异，但中西方文化在社会诚信观、社会诚信制度、社会诚信培育等方面存在一些相同之处。随着现代世界文化发展的多元化，中西方文化的互补性和交融性逐渐凸显，针对中西方社会诚信建设方面的差异，应该坚持"取其精华，去其糟粕"的态度，以谋求中西两种文化中社会诚信建设的融合和创新发展。

一、中西方社会诚信观的比较

（一）中西方社会诚信观的相同点

1. 诚信的伦理关系本质相同

不论是中国的诚信观还是西方的诚信观，都强调一个"信"字。中国的诚信要求人们遵守承诺，诚信实在。西方的则突出信守诺言，两者对诚信的要求是基本相同的。

孔子将"言而有信"作为一个重要内容向他的学生强调，还将"信"列入体现"仁"的"五德"之一。孟子也将"信"作为处理人际关系的五种规范之一，即"五伦"之一。西汉时期，董仲舒在总结孔孟思想的基础上，又把"信"与"仁、义、礼、智"并列为"五常"使其成为具有普遍意义的基本道德规范，从而确立了儒家"信"在中国传统道德体系中的重要地位。北宋周敦颐在汲取《易经》和《中庸》的思想上将其融合，并进一步指出"诚信"是一切道德原则和一切道德行为的根本。在西方，"信、望、爱"三德是基督教最基本的伦理道德要求，三者构成了基督教神学的三大德性，它们还和柏拉图所总结的古希腊的"理智、正义、节制、勇敢"四种美德一起，共同构成了基督教的"七美德"。德国古典哲学家康德还把守诺、言而有信、信守契约视为个人对他人的完全义务。可见，在中西方文化中，诚信始终被作为人类的一种重要德性予以关注。

2. 发挥的社会功能相同

在中国古代社会，儒、道、法家等各种流派都十分强调社会诚信的重要性。例如儒家反复强调"谨而信"（《论语·学而》），"端悫诚信"（《荀子·修身》）。在孔子看来，一个国家可以没有粮食、没有军队，但不能没有诚信。古代的诚信不仅对社会有要求，还对个人有诚信的要求，认为诚信是做人的根本，荀子也将社会诚信作为区分是否能被称为君子的要求。同时，在古代，诚信与国家的安危和治理也有着密切的关系。孟子特别说明治理国家必须讲诚信，而且体现在对国家政策和臣民的信任上。孟子曾说："尊贤使能，俊杰在位，则天下之士皆悦，而愿立于其朝。……信能行此五者，则邻国之民仰之若父母矣。率其子弟，攻其父母，自有生民以来未有能济者也。如此，则无敌于天下。无敌于天下者，天吏也。然而不王者，未之有也。"① 孔

---

① 杨伯峻：《孟子译注》，中华书局 1980 年版，第 78 页。

子也曾强调社会诚信对国家安危的重要性。

由于西方的政治体制与中国的不同，西方社会诚信的社会功能在不同的领域发挥着它的作用。康德提出："诚实守信"是人们心中的普遍性道德法则，它与支配我们头上星空的自然法则一样令人赞叹和敬畏。① 马基雅维利在《君主论》中提到的君主专制集权思想也是诚信观在当时环境下的产物，与中国古代的这种集权思想一样在维护国家繁荣和人们安定生活方面起着重要的作用。总之，中西方诚信观在社会生活领域和培养个人修养方面都发挥了十分重要的作用，为社会的进步和经济的发展提供了充足的动力。

（二）中西方社会诚信观的差异

1. 侧重点不同

中国古代经济以小农经济为主，多是自给自足的生产方式，因此大力发展农业，抑制商业。通过长期的生活，逐渐形成以血缘为纽带的社会群体。由于儒家思想对古代社会的影响，人们在社会中主要提倡自律，在社会舆论和生活风俗的约束下，逐渐形成一种约定俗成的诚信观，这种诚信观不具有强制性，而是依靠人们的自身修养和觉悟意识，自觉地维护所形成的一种共同的规则，这种规制是道德上的理念。古代圣贤都注重个人的修养，诚信待人。但这种强调道德，忽视法律的诚信观念力量的规范性太弱小，如果一个人没有遵守，他也只会遭受良心和社会舆论的责罚，在物质利益和政治地位上没有任何损失。由于生活方式的不同，西方的诚信不是建立在道德基础上的，而是与法律规则有着密不可分的关系。孟德斯鸠在《论法的精神》中分析不同民族谋生方式对法律的影响时说道："一个从事商业和航海的民族比一个只满足于耕种土地的民族所需要的法典、范围要广得多。"② 与中国的诚信不同，西方的诚信更加具有法理性。西方的经济

---

① ［德］伊曼努尔·康德：《实践理性批判》，蓝公武译，商务印书馆1960年版，第211页。
② ［法］孟德斯鸠：《论法的精神（下）》，张雁深译，商务印书馆1963年版，第95页。

发展主要依靠商业的发展，贸易双方通过交换的方式来完成货物的交易。在交易过程中，双方都会承担不同程度的风险，这时候就需要一个文字性的文件来约束双方的行为，"契约"在这种情况下应运而生。这样，双方在交易之前，便能对应该履行的义务和享有的权利有清晰的认识，减轻贸易的意外与风险。此时如果只依赖自我约束的道德方式，是行不通的。如果契约不能按期实现，就可以通过法律的手段对自身的合法权益予以保障。西方的诚信制度涉及个人信用制度、企业信用制度等，这些制度不考虑国家的限制、血缘的亲疏，运用法律而不是自律的方式，加强对人的约束。如果不遵守法律，道德上的惩罚必不可少，最大的将是物质利益、经济地位及个人名誉的损失。西方法律制度的健全，对维系社会安定、降低治理成本等方面起了重要的作用。

2. 要求实现的目标不同

在古代，中国是以个体家庭为单位的，诚信主要体现在道义方面，而不是体现其追逐利益的一面。信与利两者不能很好地共存，作为君子，便一定会讲诚信，而见利忘义的人便成了小人。古代的个人，必须把国家的利益放在首位，而损害国家追求个人权力的行为则被定性为"自私"。人们只是知道要做到诚信待人，不要欺骗，不添加任何功利的色彩。这种过于理想主义的思想，可以激励人们不断自我约束，但由于缺乏社会规范，是不能够广泛应用的。西方的诚信思想发源于古希腊，在经济领域体现得更加明显。亚当·斯密定义下的市场主体"经济人"必须通过签订契约和平等交易来发展自身，获取利益。诚信在这一过程中被赋予了工具的色彩，诚信成为实现利益的有效手段。此时，西方诚信忽略了诚信在道义方面的意义，而是更加注重追求诚信的利益价值，认为追求利益是诚信之本，两者是相辅相成的，诚信思想是利益衍生出来的。西方的诚信观是随着商品经济不断发展而产生的，诚信与否会关系到合作双方的利益，西方的诚信思想将利与信结合起来，将诚信的价值最大利益化。为了更加合理地规范市场的秩序，西方将诚信思想转化为一系列信用法规，这些规范会强制要求人们必须守信，不能欺骗。

总而言之，中西方社会诚信观具有各自的优势和缺陷，二者存在着交流和融合的可能性和必然性。当下，我们应该弥补中国传统社会诚信观中的制度缺失，但也决不可忽视道德的意义。

二、中西方诚信制度的比较

（一）中西方社会诚信制度的相同点

由于诚信制度本身所具有的道德和法律的双重属性，因此，它必然体现道德和法律的双重向度。诚信制度的道德属性是指以道德准则而存在的诚信制度；诚信制度的法律属性是指以法律条款形式存在的诚信制度。前者要求人们言语真实、恪守信用、无虚假、不欺诈。后者是指在法律上尤其是私法上普遍规定的诚实信用原则。中国传统的道德诚信与西方文化中的道德诚信具有基本相同的内涵和要求。

在现今的时代背景下应重新赋予诚信制度新的内涵，应处理好道德伦理的软约束与法律制度的硬约束的关系，特别是应该建立一种机制以解决它们的互斥性，使其能够相互促进和巩固；应运用好中国传统诚信文化中重自律、重人格信任的优势，并学习西方文化重他律、重契约信任的长处。

（二）中西方社会诚信制度的不同点

1. 中西方社会诚信制度的追求目标不同

在传统中国，人们认为在处理人的道德需要和物质利益需要的关系时，以道德需要为人的首要和本质的需要，认为人生的价值在于道德的完善，它高于物质利益需要的满足。在古人看来，指导人们进行行为选择的价值导向是"见利思义""重义轻利""以义制利"等，这些导向要人们正确对待个人利益，追求、获取利益要深明大义，以义为取舍的标准，只有符合义的利益才是正当利益，才可以追求、获取，否则，就应当舍弃。这就是传统道德所强调的重义轻利。因此，在中国传统思想中，诚信具有超越功利的道义性，中国传统诚信制度的尚义取向就是在自然经济和家族本位的历史态势下衍生出来的。"义"从价值角度来看，是一种道德价值，从伦理学的角度来看，是人之为人在社会中应尽的义务。

西方传统诚信制度在契约精神的影响下而不可避免地带有利益倾向的色彩，而伴随着宗教改革和资本主义精神的兴起，这种利益色彩就逐渐衍生出功利主义的特征。资本主义精神中有一种特殊的气质，就是将个人资本的增加当作上帝给予人的天职。而这种精神气质的进一步发展就导致了其道德观念带有明显的功利主义色彩。"法律、契约、经济理性只能为后工业社会提供稳定与繁荣的必要而非充分的基础；唯有加上互惠、道德义务、社会责任与信任，才能确保社会的繁荣稳定。"① 在西方社会里，无论是熟人之间的交换还是纯粹商人之间的交换，并不像中国人那样在乎是否符合亲情、友情之"义"，而在乎是否符合交换正义和这种交换是否能给自己带来利益。交换正义是西方社会人们进行交易的行为准则。不得损人利己是交换正义的基本原则。交换正义关注的问题是自愿交易和如何保护每个公民的财产不受侵害，这就要求交易者在交易中应遵循诚实守信原则。

2. 中西方社会诚信制度的实质不同

可以这样说，中国传统社会是一个十分典型的伦理社会。在这一社会中，人们基本上生活在熟人的圈子里。基于这种格局之上的中国人的诚信是一种"由亲而信"的模式。如果说中国人所讲的诚信主要是一种人情、"身份"伦理，那么，西方人所讲的诚信原则就是一种"契约"关系。西方的诚信观念是随着商品与货币经济的发展，提出的一种互利互惠的契约伦理。西方文化赖以产生的基础是以工商业为

---

① ［美］弗兰西斯·福山：《信任——社会道德与繁荣的创造》，远方出版社 1998 年版，第17—18 页。

主的社会生产方式，基于商品经济和法制文化基础上的诚信，更多体现了理性至上的观念：以理性维护自己的权利和义务，而不为血缘、亲缘情感所支配。所以，中西方文化视域中的诚信制度，一类是基于伦理道德义务的非契约性信任，一类是基于契约信任。前者是宗教、传统文化、家庭亲情关系、共同体生活、共享的历史经验等所产生的人与人之间的信任；后者是国家制度建设、法律以及现代社会组织所产生的社会信任。这两种信任机制之间的差别可以用康德的一个思想来表述，就是非契约性的信任是"出于"道德的信任，契约性的信任是"符合"道德的信任。非契约性的信任是传统社会的联结纽带，契约性信任是现代社会的基础。二者的区分并不是绝对的，因为契约性关系与非契约性关系在两种社会都存在。对于现代社会来说，由于人与人之间的关系主要建立在各种契约关系之上，因而信任的基础就是各种各样的契约，包括国家制度、法律以及为了某种特定目的组成的组织的正式规范。

三、中西方社会诚信培育的比较

（一）中西方社会诚信培育的相同点

1. 培育的内容是相同的

在儒家诚信文化中，诚信是真诚正义。信是指信任或者讲信用；诚信则是指恪守信用，忠厚实在。西方诚信培育中，诚信具有遵守契约的含义，著名的"苏格拉底之死"中，苏格拉底为了遵守契约规定、信守自己的诺言，献出了自己的生命。他用自己的行动，证明了诚信的重要性，这与儒家所提倡的"信近于义，杀身成仁"在道理上是一致的。尽管中西方在诚信培育的观念表达上有一些差异，但都表达了"诚实守信"的内容。

2. 培育的作用是相同的

不论是西方诚信培育还是中国的诚信培育，诚信都被当作调节社会生活的一种规范。中西方诚信培育所要实现的目的是相同的，只是采用的方法不同。儒家诚信思想有三个方面的功能："立人之本""立政之本""进德修业之本"。而在西方社会，它是通过制定各种规章制度、法律法规和道德规范来加强个人的道德修养，从而实现其基本功能，并以此来调节人与人、人与社会、人与国家的各种关系。

（二）中西方社会诚信培育的差异

在中国传统的诚信培育中，诚信适用的范围是以血缘、地缘和人情为纽带的熟人社会，是"在排除商业功利关系的宗法血缘人伦关系中的行为规范，是建立在血缘亲情、朋友情义、社会人情和封建国家宗法关系基础上的一种道德精神。"[①] 传统的诚信培育主要是培育一个人的品格，在以家庭为单位的主体中，人与人之间的互相信任具有主观的情感色彩，家庭在教育子女时，也会告诉子女去信任那些自己熟悉、喜欢的人。正如费孝通先生指出的那样："乡土社会里从熟悉得到信任。乡土社会的信任并不是对契约的重视，而是发生于对一种行为的规矩熟悉到不假思索时的可靠性。"[②] 古代的诚信培育深受儒家传统思想的影响，孩子从小学习儒家文化，对于君臣、父子、夫妻关系的认识，主要受"三纲五常"理念的影响。古代诚信培育强调忠君思想，这种忠是具有狭隘性的，它不具有平等性。古代传统诚信中，处于不同等级的人具有不同的权利和义务，"三纲五常"中处于强势地位的人，一般拥有权利却不需要履行义务，而弱势地位的人则相反，这种诚信培育的阶级意识明显，具有十分显著的不对等性。

西方的诚信培育更侧重于制度性，即用制度来处理日常生活中的事务。西方文化的发展是建立在工商业发展的基础上，双方在合作中以诚信为基础，排除个人的主观情绪，运用制度维护自己的合法利益，并使利益最大化，一般不会受血缘、地缘因素影响。西方的诚信

---

① 吕方：《"诚信"问题的文化比较思考》，《学海》2002 年第 4 期。
② 费孝通：《乡土中国 生育制度》，北京大学出版社 1998 年版，第 10 页。

培育起初就与法律相联系，借用法律的形式和制度约束个体的行为。西方的诚信培育，是建立在民主制度基础上的，深受平等、自由、天赋人权等思想的影响，具有长久的发展历史。西方的诚信培育也经过转型时期，英国著名法学家梅因认为："所有进步社会的运动，到此处为止，是一个'从身份到契约'的运动。"① 梅因所说的这一社会进步的实质在于契约关系所表达的是一种利益主体之间的平等关系，契约关系中的"人"是具有平等社会权利和义务的主体。西方的诚信培育强调的平等性，与中国的诚信培育存在着差异性。此外，中国传统社会诚信培育的目标具有整体性和统一性的特点，而西方社会则比较多元和开放。中国由于文化传统和意识形态的原因，一直奉行的都是统一的价值理念，因而社会诚信培育的目标也比较整齐划一；而西方社会，尤其是美国，由于国内多元的共生和共存，因而社会诚信培育目标比较开放，呈现出多元化、多样化的特点。

通过对中西方社会诚信观、社会诚信制度以及社会诚信培育的比较与分析，可以看出，中国的社会诚信观具有相对的封闭性，局限于"小圈子"中，深受地缘、血缘等因素影响，而西方的诚信思想更加具有开放的特征。由于中国古代封建等级思想的根深蒂固，造成了中国社会诚信理念的阶级性和不平等性。西方的思想则强调平等自由的价值观念，主张在平等互信的基础上，发展市场经济。此外，中国的社会诚信理念主要是道德规范里的一个概念，强调对自身的约束。而西方的诚信理念是建立在法律制度基础上的，具有强制性，运用法律的方式更加强有力地约束个人行为。

四、中西方社会诚信建设的启示

从上述分析，我们可以从中西方不同的社会诚信发展过程中得到

---

① ［英］梅因：《古代法》，商务印书馆 1984 年版，第 97 页。

启示：中国传统的诚信理念中，缺乏法律的支撑，不能很好地适应市场经济发展的要求。因此中国的社会诚信观念需要向现代化转变，吸取西方社会诚信文化中的法制观念，保留中国传统文化的精华，同时要紧跟时代发展的要求，建立健全的社会诚信规范体系，树立适应市场经济发展的社会诚信理念。纵观中西方社会诚信发展历程及取得的优秀成果，我国现代社会诚信建设可从以下几方面做相关改进。

1. 伦理和制度融合，促进社会诚信发展

我国现代社会诚信培育，必须着手于我国当前的具体国情，不能盲目发展。培育过程中，要发扬中西方社会诚信理念中的优秀成分，用理性作出更加合理的判断。随着经济全球化和一体化的发展，社会诚信的作用更加突出。我国社会诚信的发展由于受传统文化的影响，社会诚信较多地定义为道德层面的相关约束。西方社会诚信发展路程比较漫长，经历了从宗教到哲学、再到法律的发展路径。因此，我国社会诚信的改善不能完全效仿发达国家。中国现代社会诚信培育需要把传统的诚信理念向现代化发展的方向转变，使其成为信用经济。而西方的信用经济中，则需要多融入一些感情色彩，增加一些柔性成分。这样，二者刚柔并济，中西方社会诚信文化就可以互相借鉴，相互促进发展。

2. 健全社会诚信体系，监督社会诚信发展

21世纪是一个社会急速发展的时期，各行各业、各种角色的人生活在这个多姿多彩的年代，面对激烈的竞争，一系列完善的社会诚信体系显得尤为重要，只有依靠这个强大的保护伞，社会发展才能更加有序、更加健康。西方社会诚信的发展从起步就将其定义为法律的一部分，因此，目前西方社会已经建立了完整的社会信用体系，其中，最具有代表性的便是美国。每个美国公民都有自己详细的信用记录，在社会生活中，一个人的信用状况会很大程度上影响他的生活。在美国，一个人的信用记录不良，他将寸步难行。例如，美国公民想租房，房东要查看信用记录；申请信用卡，信用卡公司要查看信用记

录；想贷款，银行也是根据个人信用来判断是否贷款；即便是普通的找工作，雇主也要查看信用记录等。因此，美国的诚信体系在严格的管制下健康发展。中国也需要这样完善的制度约束企业和个人的行为，为社会诚信建设这个巨大的保护伞创造坚实的基础，虽然个人诚信体系建设过程中障碍比较多，但是，我国可以从基层做起，比如在从单位、公司内部做起，建立员工诚信记录，各市建立各单位、公司信用记录，这样逐层联系、逐层制约，诚信建设会有改观，我国社会诚信体系也将慢慢完善起来。

3. 强化社会诚信宣传，激励社会诚信发展

社会诚信的发展，不仅仅要依靠法律制度的强制性约束，还要依靠社会舆论和诚信教育的影响。我国应该从双方面着手，一方面，在法律制定上对于社会诚信建设的内容进行相关完善，另一方面，要从社会生活中着手。所谓从社会生活中着手即从学校教育、家庭教育、社会教育等多方面开展社会诚信宣传工作。要发挥教育者的教育作用和现代社会诚信观的舆论作用，让刚出生的孩子在诚信社会中成长，受染于诚信、生活于诚信、行动于诚信，长此以往，社会诚信建设会越来越容易；同时，让人们充分认识到社会诚信的重要性，享受到诚信所带来的种种便利。让诚信从业、诚信工作、诚信生活成为政府、企业、社会的伦理准则，成为每个公民的自觉意识和基本品质，从而为建立和完善我国的社会诚信体系提供坚实的思想道德支撑。

总之，我们应该在批判地继承中国传统社会诚信思想合理内核的同时，吸收现代西方社会诚信立足于法制基础之上的精神，建设适合我国现代社会发展要求的、与新时期道德文明建设相适应的社会诚信文化。

第三章 改革开放以来我国社会诚信建设的历史考察

当前，我国正处于全面深化改革的关键时期，社会诚信建设作为社会主义文化建设的重要组成部分，面临着机遇与挑战。虽然社会诚信建设取得了一定成绩，但是受内外部环境的影响，出现了新情况，遇到了新问题和新困难。面对现状，"以铜为镜，可以正衣冠；以史为镜，可以知兴替"①。考察改革开放以来我国社会诚信建设的得与失，汲取社会诚信建设的经验教训，对于促进我国社会诚信体系建设，构建社会主义和谐社会都具有重要的现实意义。

第一节 改革开放以来我国社会诚信建设的发展历程

党的十一届三中全会确定的改革开放路线，是中国共产党领导全国各族人民走强国之路的活力源泉，实现了新中国成立以来的伟大历史转折，开启了中国发展进步的新时期。改革开放摒弃了许多旧的思想、陈腐的教条，使中国的面貌发生了翻天覆地的历史性变化，国家实现了从封闭半封闭到改革开放、从计划经济到市场经济的深刻转

---

① 《旧唐书·魏徵传》，中华书局 1975 年版，第 2561 页。

变。社会转型也给经济社会发展带来了严峻的挑战，尤其是在经济社
会发展中的诚信危机问题日益突出。社会诚信问题是事关社会主义事
业能否顺利进行的重大问题，推进社会诚信建设是中国共产党历来常
抓不懈的基础性工程。改革开放至今，我国的社会诚信建设从当初的
酝酿到现在上升到社会主义文化建设的重要位置，显示出我国对社会
诚信建设的认识历经了一个逐步深化的过程，社会诚信建设的实践在
不断发展。

一、社会诚信建设的逐步探索（1978—1989 年）

党的十一届三中全会"提出了'解放思想，开动脑筋'的口号，
提倡理论联系实际，一切从实际出发，肯定了实践是检验真理的唯一
标准，重新确立了实事求是的思想路线"①，这是拨乱反正的胜利，为
下一步社会诚信建设思想做了铺垫。十一届三中全会以后，改革开放
成为我国社会经济生活的重要内容，1979 年，邓小平强调："经济工
作是当前最大的政治，经济问题是压倒一切的政治问题。不只是当
前，恐怕今后长期的工作重点都要放在经济工作方面。"② 经济的发展
离不开社会主义精神文明的支持，1979 年 9 月，在党的十一届四中全
会上通过的《在庆祝中华人民共和国成立三十周年大会上的讲话》最
早提出了建设社会主义精神文明的概念，指出："我们要在建设高度
物质文明的同时，提高全民族的教育科学文化水平和健康水平，树立
崇高的革命理想和革命道德风尚，发展高尚的丰富多彩的文化生活，
建设高度的社会主义精神文明。这些都是我们社会主义现代化的重要
目标，也是实现四个现代化的必要条件。"③ 随后，1979 年 10 月，邓
小平在中国文学艺术工作者第四次代表大会上再次强调："我们的国

---

① 《邓小平文选》第三卷，人民出版社 1993 年版，第 9—10 页。
② 邓小平：《关于经济工作的几点意见》，《党的文选》1994 年第 6 期，第 3—6 页。
③ 中共中央文献研究室：《三中全会以来重要文献选编》（上），人民出版社 1982 年版，第 234 页。

家已经进入社会主义现代化建设的新时期。我们要在大幅度提高社会生产力的同时，改革和完善社会主义的经济制度和政治制度，发展高度的社会主义民主和完备的社会主义法制。我们要在建设高度物质文明的同时，提高全民族的科学文化水平，发展高尚的丰富多彩的文化生活，建设高度的社会主义精神文明。"[①] "建设社会主义精神文明"任务的提出，为弘扬共产主义的理想、信念和道德提供了有力支持，同时也为社会诚信建设夯实了思想基础。

针对社会上出现的有悖于社会主义风尚的虚假、丑恶等现象，邓小平严厉指出："要继续批判和反对封建主义在党内外思想政治方面的种种残余影响，并继续制定和完善各种符合于社会主义原则的制度和法律来消除这些影响。同时，要批判和反对崇拜资本主义、主张资产阶级自由化的倾向，批判和反对资产阶级损人利己、唯利是图、'一切向钱看'的腐朽思想，批判和反对无政府主义、极端个人主义。"[②] 在随后的体制转轨的过程中，由于历史、现实等多种因素的影响，不诚信行为和现象时有发生。诚信的缺失，严重制约了中国社会主义市场经济的健康发展和国际经济竞争力的提升。

1982 年 9 月，党的十二大提出要强化德育工作，指出"要在广大人民群众中，首先是干部和青年中，加强马克思列宁主义、毛泽东思想的教育，加强祖国历史特别是近代史的教育，加强党的纲领、党的历史和党的革命传统的教育，加强宪法和公民权利、公民义务、公民道德的教育，在各行各业加强职业责任、职业道德、职业纪律的教育。这些教育要联系当前的实际，采取生动活泼的形式，运用多种多样的手段"，这进一步规划了以后的社会诚信建设工作。1986 年 9 月，党的十二届六中全会，在邓小平关于社会主义精神文明建设的理论基础上，中国共产党总结了改革开放以来社会主义精神文明建设的经

---

① 《邓小平文选》第二卷，人民出版社 1994 年版，第 208 页。
② 《邓小平文选》第二卷，人民出版社 1994 年版，第 367—369 页。

验，通过了《中共中央关于社会主义精神文明建设指导方针的决议》。
这份决议是中国共产党历史上第一次以决议的形式作出的有关精神文
明建设的全面部署。该决议对新形势下的社会主义道德提出了要求：
"在这样的历史条件下，全民范围的道德建设，就应当肯定由此而来
的人们在分配方面的合理差别，同时鼓励人们发扬国家利益、集体利
益、个人利益相结合的社会主义集体主义精神，发扬顾全大局、诚实
守信、互助友爱和扶贫济困的精神。社会主义道德所要反对的，是一
切损人利己、损公肥私、金钱至上、以权谋私、欺诈勒索的思想和行
为，而决不是否定按劳分配和商品经济，决不能把平均主义当作我们
社会的道德准则。"[①]《中共中央关于社会主义精神文明建设指导方针
的决议》突出了"诚实守信"的重要地位，将"诚实守信"视为社会
主义道德的不可分割的部分，并将"诚实守信"写入社会主义精神文
明建设的纲领性文件，为社会诚信建设提供了必要的基础。伴随着我
国社会主义市场经济的不断发展，人们渐渐意识到诚信的重要性。邓
小平谆谆告诫，我国搞社会主义市场经济一定要遵循"信誉高于一
切"的基本原则，这也是对我国社会主义市场经济的健康发展作出的
要求。邓小平还强调："一切企业事业单位，一切经济活动和行政司
法工作，都必须实行信誉高于一切，严格禁止坑害勒索群众。"[②] 由上
可见，邓小平诚信思想是改革开放以来马克思主义诚信观中国化的理
论成果，开创了中国特色社会主义的社会诚信建设的新局面。

二、社会诚信建设的积极推进（1989—2002 年）

进入 21 世纪以来，中国所处的内外环境发生了深刻变化。改革开
放和现代化建设的进程呈现出新的特征。社会主义市场经济从确立目

---

① 《中共中央关于社会主义精神文明建设指导方针的决议》，人民出版社 1986 年版，第 5 页。
② 《邓小平文选》第三卷，人民出版社 1993 年版，第 145 页。

标到初步建立，其间存在的一些问题正在凸显。如何加强和改进党的领导水平和执政水平、提高防腐拒变和抵御风险的能力，是中国共产党必须解决好的重大问题。

以江泽民为核心的党中央领导集体，集全党的智慧，在邓小平理论的基础上创造性地提出了"三个代表"重要思想。"三个代表"重要思想是在应对新形势、新挑战中产生的相对独立的、新的思想体系，其坚持和发扬了马列主义、毛泽东思想、邓小平理论"解放思想、实事求是、与时俱进"的思想精髓，着力解决社会主义建设中遇到的新问题和新矛盾。"三个代表"重要思想对党的建设提出了明确要求，以江泽民为核心的党的领导集体高度重视执政党的诚信建设，并以党内诚信建设去推进社会诚信建设。关于加强党的建设，《中共中央关于加强和改进党的作风建设的决定》指出，解决党的作风问题，主要任务是要做到"八个坚持、八个反对"。做到"八个坚持、八个反对"，最重要的就是共产党人率先做到诚实守信。在经济改革方针的探索上，1992 年 10 月，党的十四大提出："我国经济体制改革的目标是建立社会主义市场经济体制。"[①] 社会主义市场经济体制更需要强化社会诚信建设，社会诚信建设理论的科学性与否更需要实践去检验。1993 年 11 月，在学习《邓小平文选》第三卷报告会上，江泽民强调："实践是检验真理的唯一标准，是检验我们的理论、路线、方针、政策是否正确的唯一标准。我们要在实践中检验真理和发展真理，抛弃那些对马克思主义的某些原则、某些本本的教条式理解，抛弃那些对社会主义不科学的甚至扭曲的认识，抛弃那些超越社会主义初级阶段的不正确思想，坚决反对那些根本否定马克思主义的错误观点，坚持用辩证唯物主义和历史唯物主义的世界观、方法论去分析和

---

① 　中共中央文献研究室：《十四大以来重要文献选编》（上），人民出版社 1999 年版，第 18—19 页。

解决问题。"① 江泽民这种"解放思想，实事求是"的思想，是贯穿社会主义市场经济体制改革的精髓，为社会诚信建设带来了无穷的动力。1996年10月，党的十四届六中全会审议通过了《中共中央关于加强社会主义精神文明建设若干重要问题的决议》，就社会主义市场经济条件下的精神文明建设作出了全面部署："全面加强社会主义道德建设，大力倡导文明礼貌、助人为乐、爱护公物、保护环境、遵纪守法的社会公德，大力倡导爱岗敬业、诚实守信、办事公道、服务群众、奉献社会的职业道德，大力倡导尊老爱幼、男女平等、夫妻和睦、勤俭持家、邻里团结的家庭美德。当前要以加强职业道德建设、纠正行业不正之风为重点。"② 《决议》明确将诚实守信作为职业道德建设的一项重要内容，要求各行各业必须遵守这一职业道德。诚实守信职业道德的进一步明确，有利于防止和遏制社会腐朽思想的泛滥和丑恶、欺诈、虚伪等现象的滋生蔓延。2001年9月，中共中央颁布《公民道德建设实施纲要》，提出"在全社会大力倡导'爱国守法、明礼诚信、团结友善、勤俭自强、敬业奉献'的基本道德规范，努力提高公民道德素质，促进人的全面发展，培养一代又一代有理想、有道德、有文化、有纪律的社会主义公民"。《纲要》将"明礼诚信"作为社会主义公民的基本道德规范，要求各地区、各部门一定要把公民道德建设放在突出位置来抓。从此，以社会诚信建设为主体的社会主义精神文明建设活动陆续开展起来。

三、社会诚信建设的逐步完善（2002年至今）

随着社会主义现代化建设向前的推进，我国又站到了新的历史起点上。在新阶段，国家在面临重大战略发展机遇的同时，也面临着来

---

① 中共中央文献研究室：《十四大以来重要文献选编》（上），人民出版社1999年版，第446—447页。

② 中共中央文献研究室：《十四大以来重要文献选编》（下），人民出版社1999年版，第2053页。

自国内外复杂情况的挑战。纵观国内形势，国家进入了空前的社会变革时期，改革已经步入深水区，社会结构急剧变化，各种社会思潮相互交流、激荡，表现出"人们思想活动的独立性、选择性、多变性、差异性明显增强"①，社会上的价值观念也呈现多元化趋势。经济社会中出现的一些消极颓废现象令人担忧，尤其是失信现象的存在成为制约我国社会发展的一个不利因素。比如，有的地方政府对社会作出的惠民承诺不能及时兑现、假冒伪劣商品充斥着市场、人与人交往言而无信等，这些失信现象严重危害了政府在公众中的形象、阻碍了社会主义市场经济的顺利发展并破坏了和谐的人际关系。此外，我国的经济社会秩序一定程度上也受到了国际不利因素的冲击，比如美国"次贷危机"引发的国际金融市场的极度震荡，给我国的出口贸易、货币政策等带来了严峻的挑战。

面对新的形势，中国共产党坚持理论创新，对社会诚信工作作出了新的部署。2002 年 11 月，党的十六大强调要切实加强思想道德建设，指出，"要建立与社会主义市场经济相适应、与社会主义法律规范相协调、与中华民族传统美德相承接的社会主义思想道德体系。深入开展党的基本理论、基本路线、基本纲领和'三个代表'重要思想的宣传教育，引导人们树立中国特色社会主义共同理想，树立正确的世界观、人生观和价值观。认真贯彻公民道德建设实施纲要，弘扬爱国主义精神，以为人民服务为核心、以集体主义为原则、以诚实守信为重点，加强社会公德、职业道德和家庭美德教育"②，可见，十六大将诚实守信放在了事关公民道德教育的重要位置。2003 年 10 月，党的十六届三中全会通过的《中共中央关于完善社会主义市场经济体制若干问题的决定》进一步明确："建立健全社会信用体系。形成以道德为支撑、产权为基础、法律为保障的社会信用制度，是建设现代市

---

① 中共中央文献研究室：《十六大以来重要文献选编》（下），中央文献出版社 2008 年版，第 176 页。

② 本书编写组：《十六大报告辅导读本》，人民出版社 2002 年版，第 35 页。

场体系的必要条件，也是规范市场经济秩序的治本之策。增强全社会的信用意识，政府、企事业单位和个人都要把诚实守信作为基本行为准则。"这对经济领域的诚信建设作出了具体部署。党的十六届五中全会将社会信用体系建设提升到国家战略高度，这说明随着社会的不断进步，中国共产党更加注重社会诚信方面的建设。2006年3月，胡锦涛在看望政协委员时发表了关于树立社会主义荣辱观的讲话，将"以诚实守信为荣、以见利忘义为耻"列为社会主义荣辱观的重要内容。2006年10月，党的十六届六中全会通过的《中共中央关于构建社会主义和谐社会若干重大问题的决定》明确将"科学发展观"列为和谐社会的总要求，同时全会还明确提出了要"加强政务诚信、商务诚信、社会诚信建设，增强全社会诚实守信意识"的要求①。在此，"社会诚信建设"出现在党的决议里，表明中国共产党非常重视"诚信"在实现科学发展观、构建社会主义和谐社会中的突出地位。党的十七大报告强调："大力弘扬爱国主义、集体主义、社会主义思想，以增强诚信意识为重点，加强社会公德、职业道德、家庭美德、个人品德建设，发挥道德模范榜样作用，引导人们自觉履行法定义务、社会责任、家庭责任。"②党中央将"增强诚信意识"作为社会主义道德建设的重点任务来抓，同时，党的十七大将构建社会主义和谐社会理论写进了党章，提出了"民主法治、公平正义、诚信友爱、充满活力、安定有序、人与自然和谐相处"的总要求，"诚信"成为党章中的一项重要内容，这说明中国共产党对社会诚信建设的认识达到了一个新的高度。坚持、贯彻和落实科学发展观，就必须把"诚信"放到重要的位置上。2011年10月，党的十七届六中全会对国家的"诚信建设"作出了部署安排，强调在"十二五"期间要建立健全覆盖全社会的征信系统，全面推进社会信用体系建设。全会通过了《中共中央

① 《中共中央关于构建社会主义和谐社会若干重大问题的决定》，《人民日报》2006年10月19日。
② 本书编写组：《十七大报告学习辅导百问》，党建读物出版社、学习出版社2007年版，第32页。

关于深化文化体制改革 推动社会主义文化大发展大繁荣若干重大问题的决定》，决定要求"深化群众性精神文明创建活动，广泛开展志愿服务，拓展各类道德实践活动，倡导爱国、敬业、诚信、友善等道德规范"，"把诚信建设摆在突出位置，大力推进政务诚信、商务诚信、社会诚信和司法公信建设，抓紧建立健全覆盖全社会的征信系统，加大对失信行为惩戒力度，在全社会广泛形成守信光荣、失信可耻的氛围"①。《决定》强调了社会诚信建设在推动社会主义文化发展、社会主义文化繁荣中所起到的基础性地位，这为落实科学发展观、构建社会主义和谐社会注入了强大动力。党的十八大报告也对社会诚信建设提出了明确要求："深入开展道德领域突出问题专项教育和治理，加强政务诚信、商务诚信、社会诚信和司法公信建设。"② 可见，社会诚信建设已融入了社会经济生活的每个领域，成为道德领域建设的重要内容。

十八大以来，中华民族踏上了伟大复兴之路的新征程。在新的形势下，2013 年 8 月，习近平进一步强调："要加强社会主义核心价值体系建设，积极培育和践行社会主义核心价值观，全面提高公民道德素质，培育知荣辱、讲正气、作奉献、促和谐的良好风尚。"③ 随后，中共中央在《关于培育和践行社会主义核心价值观的意见》中明确指出："以诚信建设为重点，加强社会公德、职业道德、家庭美德、个人品德教育，形成修身律己、崇德向善、礼让宽容的道德风尚。"④ 至此，在中国共产党的领导下，我国从顶层设计高度对社会诚信建设加以科学谋划，使诚信思想不断发展，渐入人心，一些诚信建设制度逐

---

① 本书编写组：《深化文化体制改革 推动社会主义文化大发展大繁荣学习问答》，国家行政学院出版社 2011 年版，第 27 页。

② 胡锦涛：《坚定不移沿着中国特色社会主义道路前进 为全面建成小康社会而奋斗——在中国共产党第十八次全国代表大会上的报告》，人民出版社 2012 年版，第 32 页。

③ 习近平：《胸怀大局 把握大势 着眼大事 努力把宣传思想工作做得更好》，《人民日报》2013 年 8 月 21 日。

④ 《关于培育和践行社会主义核心价值观的意见》，《人民日报》2013 年 12 月 24 日。

步确立、完善。

第二节　改革开放以来我国社会诚信建设的成就经验

　　社会诚信作为社会主义核心价值体系的重要内容，随着改革开放的逐步深入和社会主义市场经济的进一步发展，社会诚信问题引起了社会各方面的极大关注，越来越受到党和政府的高度重视。虽然我国的社会诚信建设尚处在逐步完善的阶段，但在党和政府的积极推进下，社会诚信建设在新时期取得了长足的进步。

一、社会诚信建设思想不断丰富

　　我国的社会诚信建设思想是中国共产党人对马克思主义诚信伦理道德学说的运用和发展，它不仅是中国共产党人的道德实践和道德品质的结晶，更是中华民族宝贵的精神财富。改革开放以来，伴随着社会主义现代化建设的逐步前进，社会诚信建设思想得到了不断丰富。

　　第一，邓小平诚信思想的形成。邓小平基于立党、立国的高度，清醒地认识到在社会主义现代化建设的过程中，要处理好物质文明建设和精神文明建设的辩证关系：高度的物质文明是建设中国特色社会主义事业的基础，高度的精神文明为物质文明提供精神动力和智力支持。因此，社会主义国家在建设高度物质文明的同时，必须全面提高全民族的科学文化水平，全面发展高尚的丰富多彩的社会主义文化生活，建设高度的社会主义精神文明。实现两个文明共同发展的关键，首要就是执政党必须坚守诚信，取信于民。邓小平强调："一个是组成有改革开放形象的中央领导班子，使人民放心，这是取信于民的第一条。第二条是真正干出几个实绩，来取信于民。"[1]

――――――――――

　　① 《邓小平文选》第三卷，人民出版社1993年版，第298页。

　　第二，江泽民诚信思想的丰富。以江泽民为核心的党的第三代中央领导集体在邓小平诚信建设思想的基础上，进一步对社会诚信建设思想进行了丰富，这集中体现在"把依法治国与以德治国紧密结合起来"的思想上。"以德治国"对社会诚信建设提出了具体要求，江泽民强调："以诚实守信为重点，加强社会公德、职业道德和家庭美德教育，特别要加强青少年的思想道德建设，引导人们在遵守基本行为准则的基础上，追求更高的思想道德目标。"① 同时，江泽民提出的解放思想、实事求是、与时俱进的理论，是社会诚信建设的重要指导思想。社会诚信建设思想不能脱离实践，同时需要在实践中不断完善，正如江泽民所说："实践没有止境，解放思想也没有止境。我们要突破前人，后人也必然突破我们。这是社会前进的基本规律。用发展的观点对待马克思主义，在坚持中发展、在发展中坚持，这就是按规律办事，也是对待马克思主义唯一的正确态度。"②

　　第三，党的十六大以来诚信思想的拓展。以胡锦涛为核心的党的中央领导集体将诚信思想扩展到社会主义和谐社会建设之中。在社会主义和谐社会理论中，诚实守信是社会主义和谐社会的基本特征之一，构成了社会主义和谐社会的道德基础。同时，诚实守信成为社会主义荣辱观的重要内容，其在社会主义核心价值体系中居于举足轻重的位置，体现了全体人民重要的共同价值追求，是维系整个社会的纽带。因而，党的十八届三中全会上作出的《中共中央关于全面深化改革若干重大问题的决定》要求，"建立健全社会征信体系，褒扬诚信，惩戒失信"③，这说明以习近平为核心的新一届中央领导集体将从制度上全面部署社会诚信建设。

　　总的来说，从改革开放至今，我国的诚信思想在一脉相承、不断创新的基础上不断得到丰富和完善，都体现了"与时俱进"的理论品

---

① 《江泽民文选》第三卷，人民出版社 2006 年版，第 560 页。
② 《江泽民文选》第三卷，人民出版社 2006 年版，第 339 页。
③ 《中共中央关于全面深化改革若干重大问题的决定》，《人民日报》2013 年 11 月 16 日。

质，是马克思主义理论与中国特色社会主义现代化实践密切结合的产物。我们只要坚持用发展的马克思主义诚信思想指导我们的社会诚信建设，我们的精神文明建设成果必将会更加丰硕，我们所要建设的社会主义和谐社会一定会更加美好。

二、社会诚信教育活动持续开展

社会诚信教育是社会诚信建设的基础性工作，是营造良好社会诚信环境的重要举措。随着改革开放的不断深入，社会诚信教育作为社会主义精神文明建设和社会主义道德建设的重要内容，也在不断得到加强，从某种程度上说，社会诚信教育在持续开展中成效明显，为实现中华民族伟大复兴的中国梦奠定了坚实的基础。

第一，家庭诚信教育是基础。家庭诚信教育是公民诚信教育的基础，因为每个人诚信意识的培育首先是从家庭开始的，并伴随其终身。家庭对一个人的诚信培育和健康成长起着至关重要的作用。诚信源于家庭教育，家庭的诚信环境对一个人有着潜移默化的作用。比如，某些家长只重视子女的学习成绩，而对子女偶尔发生的考试作弊失信行为不加以制止，某种程度上会起到教唆作用。因此，家庭对个人的诚信产生重要影响，一个人的诚信意识最先在家庭中得到培育并逐步形成，家长在一个人的诚信教育中扮演着极为重要的角色，这种角色不单是经常性的诚信理念教育，更重要的是父母的身教示范作用。正如《论语·子路》中说，"其身正，不令而行；其身不正，虽令不从"。这就要求家长作为教育者，其自身行为要端正，这样其子女就会跟着学。如果家长自身行为不正，就很难起到示范作用。我国的诚信教育始终重视家庭的示范作用，许多家长主动学习家庭教育方面的知识，将对子女的文化教育与诚信教育紧密结合起来，自己以身作则，对人以诚相待，不贪不欺，胸怀坦荡，言出必行，表里如一，为子女树立良好的诚信榜样。比如，在全国开展的"五好文明家庭"

活动，目的是在全社会倡导尊老爱幼、男女平等、夫妻和睦、勤俭持家、邻里团结的社会主义文明风尚，这一活动现在已经成为一项内容特定、形式新颖、影响广泛和效果显著的群众精神文明创建活动，这为开展家庭诚信教育带来了契机。特别是随着我国经济社会的发展，2009 年的"五好文明家庭"评选条件变成了"爱国守法，明礼诚信；夫妻和睦，孝老爱亲；学习进取，科学教子；邻里融洽，友爱互助；低碳生活，热心公益"。其中，"明礼诚信"成为"五好文明家庭"的重要标准之一。从评选出的"五好文明家庭"来看，家长们都重视对子女的"诚信"教育，他们都非常注重自己的诚信形象，以自己的诚信言行去感化子女。"五好文明家庭"活动的举行，有力地促进了家庭的和睦，发挥了家庭教育在个人诚信教育的作用。

第二，学校诚信教育是主导。学校是教书育人的重要场所，这种自身的功能和地位决定了学校在社会诚信教育中具有得天独厚的优势。党和国家十分重视学校的诚信教育。2004 年 3 月，我国下发了《教育部办公厅关于进一步加强中小学诚信教育的通知》，该通知指出："面对社会发展变化对中小学生思想道德教育的新要求，各级教育行政部门和中小学校必须从贯彻'三个代表'重要思想的高度，充分认识加强中小学诚信教育、建设诚信社会对实现全面建设小康社会宏伟目标和完善社会主义市场经济体制的重要性；充分认识诚实守信的品德是立身之本、做人之道，必须从小培养，贯穿于教育的全过程；充分认识诚信教育是摆在我们面前的一项重要任务，必须作为学校工作的一件大事，认真抓紧抓好。"[1] 2006 年，教育部将高考打造为对学生进行诚信教育的重要一课，让学生通过学业考核的同时，必须通过诚信检验[2]。按照教育部的要求，在高考前对所有参考学生进行诚信方面的专题教育，组织所有考生签订"诚信高考承诺书"，促使

---

[1]　教育部：《教育部办公厅关于进一步加强中小学诚信教育的通知》，《教育部公报》2004 年第 4 期。

[2]　教育部：《教育部打造诚信高考　舞弊均记入电子档案》，《教育信息化》2006 年第 12 期。

考生学习并遵守有关考试纪律。深入开展的诚信考试教育，使学生受到了诚信思想的洗礼，对学生以后的人生产生积极的影响。从 2013 年起，每年 5 月份我国在各地、各高校集中开展高校学生资助诚信教育主题活动。该活动以"诚实守信"为主题，以"立德树人"为主线，有效地将诚信教育转化为大学生自觉的素养与行为。种种学校诚信教育活动的持续开展，杜绝了校园内的不诚信现象，营造了浓郁的"诚信做人、诚信做事、诚信学习、诚信立身"的校园诚信文化氛围，强化了学生的诚信意识，塑造了学生的健康人格。

第三，社会诚信教育是平台。在现代文明时代，诚信是社会最基本的道德规范之一。改革开放至今，为促成全社会诚实守信的风气，我们国家十分重视诚信的宣传教育工作，充分利用广播、电视、报纸、网络等媒体，正确把握诚信教育的宣传导向，充分发挥大众媒体的宣传功能，大力弘扬诚信品德，在全社会倡导诚实守信的良好风尚，使诚实守信的思想深入人心，让整个社会的诚信环境得到改善。比如，从 2003 年到 2008 年，国家在全社会组织开展了诚信宣传教育。这次教育进一步提高了全民的诚信意识，为加快我国社会信用体系建设、促进社会主义市场经济秩序的健康发展做了有益的探索，为形成全民自觉遵纪守法、诚实守信的良好社会风尚和市场经济秩序奠定了基础。中国网络电视台推出的讲文明树新风"德耀中华"公益广告也为宣传社会诚信思想擂鼓助威，广告中展示出的"当代中国二十四诚代表人物"的故事就发生在我们的身边。比如，妻债夫还、无怨无悔的李郁林；不欺顾客、制作乳品的刘华国；不卖假药、良心不泯的刘成才；拾人巨款、即还不贪的郑仁东等，他们诚信的事迹时时刻刻震撼着我们的心灵。这些平凡而又伟大的诚信践行者是社会诚信的榜样，对传播社会诚信思想走到了示范作用。在社会上大力宣传他们的坚定信念、诚实品质，感染和激励了每一个社会成员，提升了广大人民群众的精神境界，从而净化了社会风气。此外，我们国家还充分发挥特色节日的氛围效应，以强化社会诚信教育的宣传。例如，2009

年，以"诚信·和谐·发展"为主题的首届中国（金乡）诚信文化节在诚信文化的发源地——山东省金乡县举行，该县被誉为"中国大蒜之乡"，"讲诚信、重承诺"的理念植根于金乡县民营大蒜企业，使金乡县的大蒜产业蓬勃发展，闻名中外[①]，中国诚信文化节在拥有诚信文化的金乡县举办，有力地促进了诚信文化的发展；2010 年，西安《三秦都市报》利用"3·15"消费者权益保护日推出了"寻找陕西最佳诚信教育机构"活动，对最佳诚信教育机构的集中展示，不但从正面弘扬了诚信的价值，而且为广大市民营造了一个诚信的教育消费环境；始于 2012 年的以"弘扬诚信文化、普及信用知识、坚守诚信红线"为目的的"诚信中国节"的举办，不但是中国诚信与信用建设系列活动的启动开始，更是中国社会信用体系建设的一个标志活动，在中国诚信建设上书写了浓墨重彩的一笔，至此，在信用与诚信领域，中国有了自己的节日，有了自己在诚信建设领域的风向标和导航塔。2013 年 9 月 20 日为全国第十一个"公民道德宣传日"，"大力倡导以爱岗敬业、诚实守信、办事公道、服务群众、奉献社会为主要内容的职业道德"是这次活动的宣传标语之一。在节日里宣传"诚实守信"的思想，增强了公民社会诚信思想的意识。

社会诚信教育是一项系统的工程。开展社会诚信教育活动需要家庭、学校、社会三方面共同的努力，这是因为家庭诚信教育、学校诚信教育和社会诚信教育相互联系、相互补充、相互促进。如同苏霍姆林斯基在他的《怎样使学校教育和家庭教育保持一致》中所说："教育的效果取决于学校和家庭影响的一致性，如果没有这种一致性，那么学校的教育和教育的过程就会像纸做的房子一样倒塌下来。"家庭诚信教育是社会诚信教育的基石，学校诚信教育是社会诚信教育的主导力量，社会诚信教育只有在家庭教育和学校教育的基础上才能将诚信教育拓展得更加宽广。从这个角度上来说，由于我国非常重视三者

---

① 《中国诚信文化节在金乡举行》，《人民日报·海外版》2009 年 10 月 27 日。

之间的紧密联系，使三者相互配合、协调，因而我们的诚信教育活动能够顺利、持续开展下去，这对于提高全民族的道德水平具有积极的意义。

三、社会诚信建设机制日益健全

社会诚信建设的机制具有涉及面广、内容复杂的特点，需要全社会力量的参与才能实现社会诚信建设的目标。按照社会诚信建设的参与者划分，社会诚信建设主要涉及党和政府、企业、社会组织以及个人等因素。其中，党和政府的诚信是社会诚信建设的灵魂，企业的诚信是社会诚信的保障，社会组织的诚信是社会诚信的基石，个人的诚信是社会诚信的基础。我国从实行改革开放至今，社会诚信运行机制日趋健全。

第一，党和政府诚信理念不断加强。党和政府历来对政府诚信建设高度重视，作出了一系列重要部署，特别是近年来随着我国市场经济的发展，政府的诚信理念不断加强。按照中央的有关精神，围绕诚信建设，政府做了大量的工作，取得了很好的成效。这主要表现在国家深化了行政管理体制改革，加快了推进依法行政、建设法治政府的步伐，塑造了政府的诚信现象。建设一个服务、责任、法治政府，是党的十六大以来提出的深化行政体制改革的核心目标。中国共产党十七届二中全会通过了《关于深化行政管理体制改革的意见》，指出："按照建设服务政府、责任政府、法治政府和廉洁政府的要求，着力转变职能、理顺关系、优化结构、提高效能，做到权责一致、分工合理、决策科学、执行顺畅、监督有力，为全面建设小康社会提供体制保障。"① 行政管理体制改革目标的实现，与政府诚信建设不可分割。如何提高政府的公信力，是我国政治生活的重要议题之一，事关政府

---

① 《关于深化行政管理体制改革的意见》，《人民日报》2008 年 3 月 5 日。

诚信建设的主要内容。党的十八届三中全会通过的《中共中央关于全面深化改革若干重大问题的决定》就明确指出："必须切实转变政府职能，深化行政体制改革，创新行政管理方式，增强政府公信力和执行力，建设法治政府和服务型政府。"① 政府公信力的提升，依赖于政府诚信理念的加强。党和政府在提升公信力方面取得的成绩总体上可以分为两个方面。

一方面，顶层制度设计成效显著。确保顶层制度设计有利于社会利益合理分配，体现出制度的公正性和连续性。党和政府一直强调要科学合理、稳定连续出台每一项政策。《中国共产党章程》对中国共产党性质的总纲性规定，是中国共产党"为人民服务"宗旨的体现，是国家制定路线、方针、政策的思想精髓，是确保社会公正的前提性条件。邓小平 1992 年在南方谈话中掷地有声地说："要坚持党的十一届三中全会以来的路线、方针、政策，关键是坚持'一个中心、两个基本点'。不坚持社会主义，不改革开放，不发展经济，不改善人民生活，只能是死路一条。基本路线要管一百年，动摇不得。"江泽民在 1998 年纪念党的十一届三中全会大会上讲话时则进一步指出："坚持基本路线一百年不动摇，包括坚持一个中心和两个基本点都不能动摇。"因而，在中国共产党的领导下，我国社会主义基本的路线、方针和政策，是与社会立下的一个基本约定，党和政府由于高度重视这个约定，其公信力才不断得以强化。

另一方面，党和政府在施政行为层面上做到依法行政、公正执法，严厉打击形式主义、官僚主义、弄虚作假和奢侈浪费等不正之风，尤其是对贪污腐败现象采取高压态势，不断加大惩治贪污腐败的工作力度，做到"有腐必反，有贪必肃"，以惩治贪污腐败的实际成效取信于民。最近，中央纪委监察部网站开通了纠正"四风"监督举报直通车，"直通车"设置三个栏目：一是"四风"问题举报窗专栏，

---

① 《中共中央关于全面深化改革若干重大问题的决定》，《人民日报》2013 年 11 月 16 日。

欢迎广大群众直接举报违反中央八项规定精神的问题；二是违反中央八项规定精神案件每周通报专栏，将对各地区各部门查处的违反中央八项规定精神的案件，点名道姓公开曝光，每周一公布；三是晒晒"四风"隐身衣专栏，请广大群众就公款购买和收受电子礼品卡等隐形"四风"问题进行揭露，同时就问题治理提出建议。① 这一举措对于全面提升党和政府的公信力具有极大的促进作用。

第二，企业诚信意识不断深化。从改革开放到社会主义市场经济体制的逐步建立，我国市场经济的发展经历了探索、起步、稳步前行的发展过程，取得了令世人瞩目的成就。回顾三十多年我国企业改革开放的历程，企业不仅在生产经营上迅速进步，而且十分看重自己的信誉，在企业诚信建设方面也硕果累累，这主要表现在以下两个方面：一是企业将诚信管理纳入企业发展战略的重要内容。改革开放以后相当长的时间里，企业的诚信管理只是停留在单纯的道德规范的范畴，随着我国市场经济的逐步完善，企业作为市场经济的主体，认识到了企业信用的好坏关乎企业的生存发展与否，于是企业将诚信管理提升到重要位置，并让诚信管理成为企业新的管理职能。越来越多的企业开始制定诚信建设目标，建立完备的诚信管理体系。例如，宝钢集团建立了诚信体系建设委员会，通过制定诚信体系建设纲要、诚信评价管理等一系列诚信管理制度，推动全公司的诚信建设工作。阿里巴巴集团董事局主席马云曾说："宁可淘不到宝也不能丢诚信，做企业就应该要诚信，做企业就应该要有使命和价值观，否则我们没必要那么辛苦。我并不觉得我站在道德的高峰，我只是一个平凡的人，我只是一个创业者。我还是坚信，诚信是有价值的，是可以变成钱的。"马云对诚信的执着，使阿里巴巴以"壮士断腕"式的举措高调处理企业中始于 2009 年的屡遭欺诈投诉的不诚信事项，成功地化解了危机，随后，阿里巴巴把诚信文化与管理制度有效结合，逐步将诚信管理体

---

① 《中纪委监察部网站开通纠正"四风"监督举报直通车》，《河南日报》2014 年 4 月 9 日。

系完善，这促使了阿里巴巴集团事业繁荣局面的形成。二是在诚信意识的驱动下，企业的社会责任感和美誉度在增强，从而使企业的社会认同度逐年攀升。企业的社会责任与企业形象可以说是形影相随，一个社会责任感极强的企业，必然会拥有良好的企业形象，必然会得到社会的广泛赞誉。而企业的美誉度，既要靠企业产品的质量与优质的服务取信于民，也要靠企业的社会责任心来维系与公众良好的诚信关系，从而使企业的美誉度不断提升。例如，徐工集团把诚信贯穿于从产品设计、制造到营销和服务的全过程，深知自己肩负的社会责任，始终坚持质量第一、信誉至上的原则，为用户提供全过程、全配套的施工方案和售后服务，因此，徐工集团生产的"徐工"牌系列汽车起重机、压路机、装载机等产品连续多年被评为"全国用户满意产品"。徐工集团正是在诚信原则的指导下不断地扩大自己的竞争力和影响力，使企业步入了快速发展的轨道。

第三，社会组织诚信体系得到强化。社会组织诚信体系建设已经成为我国社会诚信的重要内容。2013 年，我国对社会组织纳入国家社会信用体系建设的工作已经起步，在此基础上，国家将加强社会组织信用体系建设，考虑建立社会组织的"黑名单"制度。以信用体系为代表的社会组织体系建设围绕以下方面开展了工作：建立全国统一的社会组织信用信息平台，不断完善数据信息的全面性、正确性和安全性；推进社会组织信用信息的资源共享；及时向社会公布社会组织的失信行为；开展信用等级评价工作，树立诚信典型，表彰先进社会组织，推动社会组织信用体系的良性发展。

第四，个人诚信觉悟得到提高。改革开放后，随着市场经济的涌现，党和政府在广大人民群众中多次深入开展了以提高思想道德素质为目标的精神文明创建活动。在这些活动中，诚实守信作为社会主义德育工作的重要内容之一，内化到社会主义精神文明创建活动的各个领域，极大地促进了良好社会诚信环境的形成，个人诚信觉悟明显提高。例如，在 2013 年春节过后，国内著名"80 后"青年歌唱家丁晓红推出了个人诚信公益文化新作《诚信中国》，歌词意义深刻，在美妙的歌声中传递着诚信文化的情怀，在社会引起了人们的强烈共鸣。这种用全新的公益文化行动获得了大批群众的认可，聆听了这首亲和优美的音乐后，人们纷纷表示要以诚信解决相关冲突，以诚信来促进社会和谐，不断弘扬诚信文化。这在一定程度上反映了我国公民的诚信觉悟有所增强。又例如，发生在我们身边的诚实守信的感人事迹层出不穷。据经济之声《天下财经》报道，在四川攀枝花有一位老人叫杨为之，他为了践行一个承诺，历经了半个世纪。事情的经过是这样的：杨为之曾经得急病花了 100 多元，但当时他只能凑够 50 元，医院非常体谅他，没有收他一分钱。杨为之十分感动，表示以后一定要还上这个钱。近半个世纪过去，杨为之生活由贫困到渐渐好转，他一直怀着那颗感恩的心，几经周折，他兑现了还钱的承诺。杨为之老人的"诚"与医院的"爱"汇成了一股暖流，让我们感受到人与人之间坦诚守信的温暖。如今，在我们生活的周围像杨为之这样恪守诚信的人越来越多，像第四届的全国道德模范范海涛为履行还给家乡群众碧水蓝天、让南李庄的村民过上和城里人一样的生活的承诺，多年来一直在坚守、在投入、在创造，以自己的实际行动帮助群众解决现实问题，带领群众发展致富，真正在广大人民群众中树立了起党员干部的诚信现象。① 这说明，伴随着改革开放的深入，从普通民众到党员干部，我国公民的诚信觉悟上升了一个新的高度。

四、社会诚信保障体系逐步完善

社会诚信建设要想取得良好的成效，不能单纯依赖诚信教育去提高社会诚信的思想意识，还要建立起完善的社会诚信保障体系。诚信

---

① 王俊本、史稼轩、李虎成：《一个共产党员的坚守与追求——记新乡市辉县孟庄镇南李庄村党支部书记范海涛》，《河南日报》2012 年 11 月 27 日。

制度是社会诚信的保障，为社会诚信建设提供方向、规则与要求。诚信制度不仅是一系列诚信规则的集合，更是诚信行为规范的准则。改革开放以来，我国的诚信制度建设在充分考虑国情民情的前提下，本着尊重历史文化的原则，根据我国经济和社会发展的需要，制定一些有关诚信的法律法规。随着形势的变化，我国相关部门在总结过去经验和好的做法的基础上，不断完善诚信的法律法规，使我国的诚信法制体系既着眼于未来的发展，又做到切实可行。

从立法层面上来说，诚信法制赋予了诚信道德以法律的形式、借助法律的强制性力量来平衡社会不同利益主体之间的利益分配，以保证社会的公平和公正，因而，我国一贯重视对诚信的立法，将诚信视为立法的基本原则。1986 年 4 月通过的《中华人民共和国民法通则》规定，民事活动应当遵循自愿、公平、等价有偿、诚实信用的原则，这部法律对市场经济诚信法制的建立和完善起到了巨大作用，由此援引出的整个民法体系应当贯彻诚实信用的原则。此后，为了发展社会主义市场经济，促进资金融通和商品流通，保障债权的实现，1995 年 6 月通过的《中华人民共和国担保法》要求："担保活动应当遵循平等、自愿、公平、诚实信用的原则。"在社会主义市场经济体制完善的过程中，从事经济活动的当事人合法权益需要得到保障，这样才能维护社会经济秩序，促进社会主义现代化的发展。九届全国人大二次会议于 1999 年 3 月通过了《中华人民共和国合同法》，该部法律规定了当事人行使权利、履行义务应当遵循诚实守信的原则。针对任意拖欠货款、恶意逃废债务、违法制假贩假等个人与企业的失信现象，为了强化信用意识和整肃信用秩序，尽快完善社会信用制度，建立良好的企业信用关系。2001 年，国家经贸委、国家工商总局等十部委联合下发了《关于加强中小企业信用管理工作的若干意见》，这标志着我国以中小企业为主体的社会化信用体系建设开始启动。① 为进一步完善我国社会主义市场经济体制，整顿和规范社会经济秩序，打击失信行为，防范和化解金融风险，促进金融稳定和发展，保护群众利益，推进相关部门更好地履行管理、服务的职能，我国于 2007 年发布了《国务院办公厅关于社会信用体系建设的若干意见》，对信用体系建设提出了规划，要求"完善行业信用记录、加快信贷征信体系建设、培育信用服务市场、完善法律法规"。随后，商务部为落实党中央和国务院关于推进社会信用体系建设的总体要求，推动商务信用建设，推出了《商务部关于进一步推进商务领域信用建设的意见》，这些法律法规的相继实施，奠定了我国社会诚信建设的制度基础。经济社会高度发展需要完善的社会信用体系支撑。立足于我国经济社会发展的实际状况，为优化信用环境、维护正常秩序、促进社会和谐，2014 年年初，国务院通过了《社会信用体系建设规划纲要（2014－2020 年)》，并要求，全面推进包括政务诚信、商务诚信、社会诚信等在内的社会信用体系建设，强调要把社会各领域都纳入信用体系，要完善奖惩制度、加强诚信文化建设，这为加快和完善我国的社会信用体系建设作出了全面的部署，为打造良好的社会信用环境提供了保障。根据国家诚信建设的方针，全国各地积极响应，制定了一批地方性的有关诚信建设方面的规章、政策。比如，重庆市计划在 2016 年开始实施统一的社会信用代码制度，每个市民一生都将有唯一一个信用账号，届时市民的信用状况都有记录。② 总体而言，构建完善的诚信法律法规体系，是保护和规范社会诚信的切入点，这将有力地推进我国社会诚信建设的健康和快速发展。

---

① 齐中熙：《经贸委工商总局等十部委联合下发〈若干意见〉加强中小企业信用管理》，《人民日报·海外版》2001 年 4 月 27 日。

② 张水红：《让失信者寸步难行　受惩教训成一生警钟》，《重庆晚报》2014 年 1 月 16 日。

第三节　改革开放以来我国社会诚信建设的主要问题

改革开放以来，随着社会主义市场经济的深入发展，人们的经济生活和道德观念都发生了翻天覆地的变化，我国传统的利益观和忠诚观受到了挑战，人们日益注重对个人利益的追求，重视个人价值的存在。然而，在追求个人利益最大化的同时，存在着失信现象。社会诚信危机的出现，不但源于诚信主体的内部因素，而且与其所处的教育、制度等外部因素紧密相连。因此，结合我国社会转型时期这一大背景，综合分析社会诚信建设存在的缺陷和不足，就显得尤为重要，这为不断强化和完善社会诚信建设工作奠定基础。

一、诚信主体教育较为薄弱

每个人同时承担着多重身份，与他人、与社会有着千丝万缕的关系，都要对自己的行为负责，既要信任他人，又要得到他人的信任，因而诚信是对个人道德的基本要求，是社会正常运转的基石。开展诚信教育是加强社会诚信建设的重要方式，虽然我们取得了一些成果，但是我们对诚信主体的教育仍有不尽如人意的地方，这突出表现在以下三个方面。

第一，诚信教育的针对性和实效性不够。一直以来，我国的诚信教育内容偏向于理论化、抽象化，这种单纯依靠原理的灌输和诚信规则的阐述来进行诚信教育，造成了诚信教育与社会生活产生脱节，以致诚信主体缺少对诚信认知和践行的基础，导致其不能够充分认识到诚信的价值，不能将自己的情感和意志融入诚信的行为过程之中，诚信行为就不能够得到有力的保障。只有当行为主体对诚实守信的客观基础、失信危害等具有足够的认知时，才有可能将这种认知转化为诚实守信的实际行动。诚信教育过于理论化和抽象化，也不利于对诚信主体情感的培育。"情感"是行为主体在长期社会实践过程中形成的对客观事物的一种感受和心理评价，主要表现为行为主体的一种热爱、向往、遗憾、满意等心理体验和"喜、怒、哀、乐"等心理活动。不注重情感的诚信教育，势必阻碍了诚信认知向诚信行为的转化。"与纯理智的抽象的科学的看法不同。抽象的理智的看法对于实际行为比较不容易发生直接迅速的影响。而包有情感作用的看法或见解，为情绪所渲染，生动、活泼、具体，容易产生直接行为，支配实际生活。"① 所以，行为主体如果仅仅知道诚信的道理还不够，需要注重对人的情感的培养，诚信教育应该"把我的愿望从观念的东西，从它们的想象的、表象的、期盼的存在，转化成它们的感性的、现实的存在，从观念转化成生活，从想象的存在转化成现实的存在"②。由于我们的诚信教育大多停留在宣传的模式上，诚信教育的针对性和实效性不强，不能满足个人及社会现实的需要，因而很难达到"润物细无声"的目的。

第二，诚信教育的系统性不够。我国的诚信教育还没有形成一个较为完善的诚信教育体系与框架，诚信教育缺乏有效的衔接。诚信教育是一项复杂的系统工程，而我们的诚信教育没有形成学校教育、家庭教育和社会教育良好互动的机制。学校诚信教育作为衔接家庭教育和社会教育的重要场所，但是有些学校只是在课内宣扬诚信思想，没有将诚信教育延伸到课外，几乎不主动关心家庭诚信教育，不参与一些社会诚信教育。这样，我们的诚信教育没有将学校的教育与家庭、社会教育紧密结合起来，诚信的教育效果难以长久维持。

第三，诚信教育发展不平衡。诚信教育存在人为及一些客观因素，致使诚信教育在不同地区、不同部门发展得不平衡。比如，有些地方领导重视教育、措施得当、诚信教育的重点突出，诚信教育的成

---

① 贺麟：《文化与人生》，商务印书馆 2005 年版，第 107 页。
② 《马克思恩格斯全集》第 42 卷，人民出版社 1979 年版，第 154 页。

效就会明显。反之，有的诚信教育只流于形式、走过场，没有真正深入开展诚信教育，诚信教育效果就会很差。从整体上说，无论从诚信教育的硬件设施还是从软件条件来说，城市的诚信教育发展要优于乡村，学校的诚信教育发展要优于社会。社会诚信教育发展的不平衡，对我国诚信教育的环境造成一定的不利影响，容易产生局部的对诚信思想意识淡薄的现象。

二、社会诚信评价主观性过强

诚信的客观评价是指评价主体根据一定的评价指标，运用科学可行的方法和采取适当的措施，收集诚信主体相关的诚信资料信息，对诚信主体的诚信状况和诚信水平作出客观的价值评判的过程。社会诚信评价体系本身具有教育作用，能够对诚信主体的诚信行为进行反馈、指导、调节。社会诚信评价体系是诚信教育的重要载体，是诚信教育的有效手段。通过对诚信主体的诚信评价，诚信主体就会对自身的诚信行为有了具体的认识，找出自己在诚信建设方面存在的不足并总结过去的经验，对个体的自我发展和自我完善做出相应的改进措施，这是诚信主体能够适应社会整体发展的要求。然而，我国的社会诚信评价意识较为淡薄，社会诚信评价存在主观性过强的问题，这制约了社会诚信主体的诚信建设。社会诚信评价的臆断性，首先归因于诚信评价的主体与客体存在着错综复杂利益的关系。一些诚信评价的主体本来就是诚信评价的客体的上级主管部门或者相关单位，难免存在着"部门保护主义""利益驱动""相互提携"等思想，致使在诚信评价上掺杂了一些人为的感情色彩，在缺乏客观评价机制和有效的社会监督情况下，社会诚信评价就无法作出科学性、客观性和公正性的评价结论，诚信评价体系的公信度就会降低。社会诚信评价的臆断性，还与诚信评价媒体的非科学性有关。诚信评价过程中，诚信评价媒体的诚信标准过于简单，没有建立一套完整的、科学的评价体系，这导致诚信评价具有一定的盲目性，其诚信结果会受到人们的质疑，一些"信用 A 级单位""质量信得过企业""诚信示范单位"等这种荣誉称号的评定缺乏完善的科学批判标准。例如，2005 年三鹿集团荣获了"首届中国网友信赖与尊重的 10 大名牌/100 强品牌"称号，但这个奶粉行业的"巨人"最终却因三聚氰胺而轰然倒塌了，这说明当初三鹿获得的各种诚信荣誉称号人为因素太多，我们的社会诚信评价媒介缺乏一定的严谨性。

三、社会诚信建设缺乏联动机制

虽然我国的社会诚信建设起步较晚，起点较低，但是社会诚信建设不断向前发展，从改革开放以来到现在社会诚信建设取得了一定的成绩。回顾社会诚信建设走过的历程和总结社会诚信建设的经验，整体上来说，我国的社会诚信建设缺乏必要的联动机制，这主要表现为以下方面。

第一，社会诚信建设的有效管理机制尚未建立。由于社会诚信建设涉及面广，出现的情况比较复杂，只有政府多个部门共同参与社会诚信建设，才能形成社会诚信建设的合力，社会诚信建设的步伐才会加快。可是，具体由哪个行政部门负责制定社会诚信建设的规划、实施方案和监督措施，哪个部门负责组织社会诚信建设，哪个部门负责实施社会诚信建设，哪个部门负责监督社会诚信建设，这些一般没有明确的分工。由于政府在社会诚信建设方面缺乏统筹规划，社会诚信建设失去强有力的指导，致使社会诚信建设在各部门、各地区之间出现分头管理的现象，社会诚信建设的力量分散，社会诚信建设陷入疲弱无力的局面。另外，在社会诚信建设管理过程中，行政部门还存在对社会诚信建设的多头管理、职能错位现象，这导致了社会诚信建设的重复投入、资源浪费等现象的产生，影响了社会诚信建设的进程。

第二，社会诚信建设各方面协调配合不够。社会诚信建设不仅是一项事关社会主义市场经济健康发展的重要任务，而且也是维护社会公正、保障个人权益的需要。一个良好的社会诚信建设的协调配合机制应该是在党委领导和政府负责的前提下，社会各方力量协同参与、公众积极响应社会诚信建设。在协调配合机制建立的过程中，政府行政部门应充分发挥引导、推动和示范作用，履行好培育社会诚信的职责，营造诚实守信的社会环境。然而，有的行政部门对社会诚信建设的协调配合机制重视程度不够，没有切实做好社会诚信建设工作，使之处于被动的地位。再加上一些单位、组织和个人认识不到社会诚信的重要性和必要性，使社会诚信淡漠，自我保护主义思想严重，于是出于眼前的"蝇头小利"，一味追求自身经济利益而漠视诚信价值，对社会诚信建设没有积极性，不配合社会诚信建设工作，这样社会诚信就聚集不了建设的力量，难以取得理想的成绩。

第三，社会诚信建设没有建立统一的识别标准。在信息化高度发展的今天，我国存在着相关部门诚信的信息口径不一致、标准不相同、各自编码等现象，这样部门之间的信息相互独立、相互封锁，不可避免地造成了诚信信息的条块分割，阻碍了信息的传递，无法实现诚信信息的大集中、大共享，阻碍了社会诚信建设联动机制的进程和目标。

四、社会诚信建设法制环境有待加强

良好的社会诚信建设法制环境，能够为社会诚信建设提供规范的操作空间，提高社会诚信建设的效率；能够为社会诚信建设提供可前瞻的目标，使社会诚信建设运行在设定的轨道上，达到社会诚信建设的预期目标。因此，构建良好的社会诚信建设法制环境，既包括可以看得见的软实力，也包括推进社会诚信建设发展的潜实力，还包括让诚实守信转化为现实生产力的硬实力。改革开放以来，我国的社会诚信建设法制环境渐渐改善，在建立诚信法律法规方面，我国各部门各地方依照各自的法定权限，出台了有关诚信的规章、法规，社会诚信建设的立法有了迅速发展。尽管如此，我国的社会诚信建设法制环境仍然存在薄弱的地方，有待进一步加强，这集中体现在下面两点。

第一，法律法规对诚信建设的支撑力度不强。迄今为止，我国还没有专门的诚信法律规范，社会诚信建设的基础性法律法规较为匮乏，全国性的针对诚信的立法仍然是一片空白。现有的法律，鲜见有专门就诚信进行规定的条款，已有的诚信条文又大多属于宣示性条款，缺乏责任规定，操作难度加大，比如《民法通则》《刑法》，只是对诚信作出笼统性的规定，在法律的实践中，难以具体操作。诚信条款的弹性过大，立法过粗，使法律的自由裁量空间变大，法律赋予公权部门的权力有可能会被误用，对诚实守信行为的保护和对失信行为的惩处会产生本末倒置的现象，进而在打击失信行为时没有形成巨大的威慑力。

第二，法律的威信时有损害。法律是整个社会大系统的一部分，社会诚信的最后一道屏障是法律。如果对诚信法律的执行不到位，或者漠视、不执行法律的裁决，这就产生了对法律威信的损害，由此而造成了整个社会诚信机制的破坏。比如，政府依据《政府信息公开条例》实施政务信息公开，这是在政府和公众之间建立信任、打造诚信政府的举措。各级地方政府及其职能部门都建立了信息公开制度，但有的地方领导重视程度不够，信息公开只是敷衍了事，对法律法规的执行力度欠弱，因而政府诚信形象受到了一定程度的损害。再比如，很多案件在法院判决后或者法律文书生效后，案件的当事人不去主动履行法律，案件的执行难问题突现。"执行难"造成的危害不容小觑，它不但使社会主义市场经济诚信的基石受损，而且不同程度地阻碍了社会主义和谐社会的建设。因此，法律的有力执行，为社会诚信建设、为社会主义社会繁荣发展提供了坚强的后盾。如果人民法院做出的法律文书只是一张薄纸，长此以往，公众不再信赖法院，对法院的判决可以视而不见，不再畏惧法律的强制力，不再相信法律，不再寻求依靠法律去解决纷争，那么，社会诚信建设体系必将受到重创，最终会影响到社会的和谐发展。

总之，强化社会诚信建设的法制环境，有利于在全社会形成"守信光荣，失信可耻"的良好氛围。

五、社会征信系统尚未完全建立

征信一般是指调查或验证他人信用，是评价信用的工具。[①] 征信的目的是通过调查企事业单位、自然人的历史信用记录，并对他们的资质、品质、状态等因素进行综合测算、分析、研究，借以判断其当前的信用状态，作出其是否具有履行信用责任能力的评判。[②] 加强征信体系建设是社会信用体系建设的核心，因为社会主义市场经济也是一种信用经济，建设信用经济的本质就是健全社会信用体系，而社会信用体系建设的核心则是征信体系建设。当前，我国社会上存在一些诸如商业欺诈、制假贩假等不诚信行为，为了消除这些失信现象，营造诚实守信、自律互信的良好信用环境，建立健全覆盖全社会的社会征信系统具有重要的意义。社会征信系统是一项长期的、艰巨的工程，需要集全社会的力量才能逐步健全。我国的征信工作尚处在起步阶段，已经取得了一定成绩，但由于我国长期以来一直处于非征信状态，在社会征信方面缺乏经验，社会征信面临诸多困难，社会征信系统还存在一些不足，这表现在以下几个方面。

第一，社会信用意识较为欠缺。到目前为止，我国的社会信用意识在不断强化，但整体来说，社会信用意识还存在薄弱方面。在我国传统的信用文化中，信用只是作为一种美德被人们广为传诵，在这样的意识下，人们把信用仅作为一种思想观念，信用只能以道德的要求

---

① 钟楚男：《个人信用征信制度》，中国金融出版社 2002 年版，第 5 页。
② 王力：《话说征信》，《时代金融》2004 年第 9 期。

得以保障，并没有形成一种制度上的信用意识。而以道德约束信用的思想观念造成的直接后果就是难以建立起有效的失信惩戒机制，从而使失信者不能受到应有的惩罚。在这种情况下，失信的成本小于失信收益。当失信行为有利可图时，市场行为主体有可能甚至主动选择作出失信行为的决策，导致社会上失信行为的发生，人们社会信用意识就会遭到一定程度的损害。

第二，征信法律法规不健全。我国的征信法律法规存在空白点，致使相关的征信工作难以有效开展和保护。比如，我国的个人征信法律法规体系面临的问题有：如何收集、开放和使用个人信用数据，哪些个人信息可以进入全国征信系统，如何界定消费者公开的信息和个人隐私。这些都缺乏法律法规上的明确规定。所以，我国信用法律法规的缺位是造成这一窘境的一个很重要的原因。截至目前，我国还没有一部关于信用制度的全国性的法律文件。有关信用方面的法律法规仅有上海市颁布的《上海市个人信用联合征信试点办法》和深圳市通过的《深圳市个人信用征信及信用评级管理办法》两部。[①]但这两部法律法规的缺陷是都没有在一些敏感的问题上给出相应的明确规定，比如在个人的信用信息具体分类上，两部法律法规并没有对个人信息，诸如什么是个人隐私信息、什么属于个人公开的信息、如果保护个人隐私等，作出确切的规定。在上述的情况下，个人隐私不能得到很好的保护，个人信用机构则由于面临侵犯个人隐私的质疑难以顺利开展征信工作，这直接限制了社会征信系统的建立和发展。2013 年 3月，我国首部征信法规《征信业管理条例》开始实施，这部法规填补了我国征信业无法可依的立法空白，规范了我国征信市场的发展，但在关注征信业发展的同时，还应重视征信管理方面的法律法规建设。现行的法律法规在信用的数据采集、开放和使用方面显得力不从心，一些信用信息在经济活动中不能共享，征信机构从法律法规上不能有

---

① 蔡丽华：《我国个人征信体系立法的现状及对策》，《中国信用卡》2013 年第 3 期。

效地收集信用信息，征信业务难以开展。此外，我国的法律法规并未明确公共信用信息的性质，并未明确划分公共信用信息的内容和范围，在统一信用信息披露的方式和期限上，法律法规也没有确切规定。如何界分个人信息与个人隐私、企业信用信息与商业机密，如何确定信息采集的尺度和处理标准，我国的征信法律法规还处在一定的真空状态。征信法律法规的不健全，对我国的社会诚信建设产生了不小的阻力，因而，加强征信法律法规建设是完善我国社会征信系统的关键因素。

第三，社会征信监管体系不完善。为了使社会征信系统有效运行，有必要建立和完善社会征信监管体系。完善的社会征信监管体系能够规范征信机构的行为，维护征信市场的正常秩序，促进征信行业的健康稳定发展，保障被征信人的合法权利，以实现通过运用社会征信的法律法规，开展有效的社会征信监管的目的。从世界各国市场经济发展的经验来看，市场经济体制的健康运行都是建立在完善的社会信用体系基础之上的。社会征信监管的行政部门运用经济的、行政的、法律法规的手段不断规范社会征信市场，不但可以促使征信机构合法采集和利用社会征信信息，而且可以在全社会逐步建立起失信的约束机制，加大被征信主体的失信成本，这样促使市场主体从自身的长远利益出发，自觉规范自身的市场行为，从而维护社会的信用市场秩序，在全社会营造出诚实守信的浓郁氛围，推进社会信用体系的建立。因此，对社会征信监管体系的完善，是健全市场经济体制下的社会信用体系的重要保障。当前，随着我国社会主义市场经济的快速发展，加快社会征信行业的发展已经达成社会共识。然而，我国的社会征信中介机构有的运作不规范，仅靠社会征信行业的自然发展无法满足征信市场紧迫的现实需要。如果任凭社会征信中介机构随意盲目扩张、发展，那么势必会扰乱社会主义市场秩序，给社会征信带来负面影响。为了实现社会征信行业的健康发展，社会征信监管机构应当发挥积极作用。社会征信监管机构可以通过制定社会征信行业发展的整体规划，让社会征信行业有序发展，还可以认可社会征信机构的执业资格，监管社会征信机构和社会征信市场的运作，营造出良好的社会征信行业竞争氛围，促进社会征信市场的形成。在社会征信监管部门强力指导和有效管理下，社会征信中存在的矛盾和委托就能够及时协调解决好，社会征信行业就能够保持健康、良好的发展势头。

第四，社会征信管理专业人才的培养滞后。我国的社会征信人才需求不断增加，这与我国企事业单位对信用体系建设的重视程度提高和社会征信业快速发展紧密相关。我国的社会征信专业技术人才缺口较大，一些高端人才尤其匮乏，社会征信专业人才的不足制约了我国社会征信行业的发展，这表现在，一方面，我国的社会征信机构规模偏小，通常情况下，规模较大的公司仅有上百人，而小的征信公司仅有十几人，而且从事社会征信行业的人员素质参差不齐，这成为阻碍我国社会征信行业的进一步发展壮大的瓶颈之一；另一方面，真正懂得、熟练信用管理工作的人员少之甚少，在这些稀缺的人才当中，相当一部分为"海归"人士，这远远不能满足飞速发展的社会征信行业的需求。由于征信专业人才要具备经济金融、经营管理、数据统计、计算机技术、市场营销等综合技能，对征信专业人才的培养提出了更高的要求。而我国现行的人才培养机制又与我国的社会征信体系建设的要求有一定的差距，征信人才的长期培养机制和跨学科培养模式尚未完全建立，这已成为我国社会征信系统发展所面临的主要问题之一。

第五，科学统一的社会征信体系尚未形成。建立全国统一的、科学的社会征信体系，可以更好地解决由于现代社会各类人际交往大幅度增加所导致的市场信用信息供不应求和交往双方信息不对称的问题，这对于构建诚实守信的社会主义和谐社会具有重大的意义。当前，全国统一的、科学的社会征信体系还没有形成，各地社会征信体系建设的牵头单位不一，全国大部分地方尚未建立区域信用信息平台。在已建立的征信系统中，受一些条件限制，例如部门信息化水平低、部门设置条块分割，信用数据征集的质量不高。加之信用信息采集、交换标准不同，系统间难以真正形成信用信息的通联。在行业内，我国的社会征信体系缺乏集中的信息管理系统，同时征信的评级标准随意性较大，加之内部信息化建设不完善、不科学，这些都妨碍了我国社会征信系统的快速发展。

第四章　社会主义核心价值体系与
社会诚信建设的逻辑分析

　　党的十八大报告指出："社会主义核心价值体系是兴国之魂，决定着中国特色社会主义发展方向。要深入开展社会主义核心价值体系学习教育，用社会主义核心价值体系引领社会思潮、凝聚社会共识。"① 可见，社会主义核心价值体系如同一面旗帜，集中反映了社会意识，是社会主义诚信建设的理论指南。同时，社会主义诚信建设也必将丰富社会主义核心价值体系的内涵，促进包括诚信在内的社会主义核心价值观的培育与践行。

第一节　社会主义核心价值体系是
社会诚信建设的理论指南

　　社会主义核心价值体系是马克思主义中国化的最新理论成果，建立在中国特色社会主义伟大实践的基础之上，成为中国特色社会主义理论体系的重要组成部分，体现了社会主义意识形态的本质，是全社

---

　　① 胡锦涛：《坚定不移沿着中国特色社会主义道路前进　为全面建成小康社会而奋斗——在中国共产党第十八次全国代表大会上的报告》，人民出版社 2012 年版，第 31 页。

会的思想灵魂。社会诚信建设必须坚持以社会主义核心价值体系为根本，在社会主义核心价值体系的引领下才能沿着正确的方向发展。这是因为社会主义核心价值体系为社会诚信建设确立了所应遵循的价值取向，提供了所应遵循的价值标准，指明了所应采取的途径和方法。

一、社会主义核心价值体系为社会诚信建设确立了所应遵循的价值取向

社会主义核心价值体系是一个科学体系。在这个体系里，主导价值理念被提升到了一个完整的科学体系层面。当前，我国正处在社会转型时期，价值观念也在不断变化。随着改革开放的不断深入，不同文化、不同价值体系相互碰撞，这种碰撞在国际交往和社会生活中表现得越来越明显，直接影响到人们思想活动的独立性、选择性、差异性。为此，主导社会思潮走向的核心价值体系的建立显得尤为迫切。特别是在建设社会主义现代化国家的进程中，为实现中华民族伟大复兴这一崇高的目标，我们必然要有一套科学的、具有凝聚力和推动力的价值体系。在这种新形势下，党中央提出了社会主义核心价值体系，为我们社会主义事业的胜利提供了强有力的思想保障。

社会主义核心价值体系内容丰富，正如《中共中央关于构建社会主义和谐社会若干重大问题的决定》指出："马克思主义指导思想，中国特色社会主义共同理想，以爱国主义为核心的民族精神和以改革创新为核心的时代精神，社会主义荣辱观，构成社会主义核心价值体系的基本内容。"[①] 其中，社会主义核心价值体系的"灵魂"是"马克思主义指导思想"；中国特色社会主义共同理想昭示社会主义核心体系建设的时代主题；民族精神和时代精神支撑社会主义核心价值体系的建设；社会主义荣辱观是社会主义核心价值体系建设的基础。上述

---

① 《十六大以来重要文献选编》（下），中央文献出版社 2008 年版，第 661 页。

社会主义核心价值体系的四个方面内容紧密联系、互为一体，为社会诚信建设确立了所应遵循的价值取向。

第一，"马克思主义指导思想"决定了社会诚信建设的性质和方向。马克思主义深刻地揭示了人类社会发展的客观规律，是真理性和价值性的统一。作为中国共产党的根本指导思想，马克思主义是社会主义意识形态的旗帜，是认识和指导社会诚信建设的理论基础。在社会诚信建设的过程中，马克思主义指导思想提供了最基本的建设原则，并且作出了清晰的社会诚信的价值判断，明确了中国特色社会主义诚信建设的性质和理想前途。正如邓小平指出："把马克思主义的普遍真理同我国的具体实际结合起来，走自己的路，建设有中国特色的社会主义，这就是我们总结长期历史经验得出的基本结论。"[①] 因此，马克思主义从来不是机械的教条，而是必须与实际紧密联系起来并加以创造性运用的理论。唯有运用马克思主义的立场、观点和方法，再结合我国社会发展的具体情况，才能在社会诚信建设中看清事物的本质，把握社会诚信建设的方向，不被社会的表象所迷惑。也只有毫不动摇地坚持马克思主义在社会诚信建设体系的指导地位，社会诚信建设体系才能拥有科学的内涵，才能借鉴人类诚信文明的成果，弘扬诚信文化，培育社会诚信精神，打牢社会主义和谐社会的思想道德基础。

第二，中国特色社会主义共同理想明确了社会诚信建设体系的目标追求。理想是一种强大的精神力量，体现了人们对未来的美好愿望和追求，更是一个国家和民族的重要精神支柱与行动向导。建设中国特色社会主义的共同理想，充分反映了我国最广大人民的共同愿望、共同利益和共同要求，是现阶段中国共产党领导全国各族人民实现共产主义这一崇高理想的具体体现。江泽民曾这样要求："既要树立共产主义的远大理想，坚定信念，以高尚的思想道德要求和鞭策自己，

---

① 《邓小平文选》第三卷，人民出版社1993年版，第3页。

更要脚踏实地地为实现党在现阶段的基本纲领而不懈努力，扎扎实实做好现阶段的每一项工作。忘记远大理想而只顾眼前，就会失去前进方向；离开现实工作而空谈远大理想，就会脱离实际。"① 所以，中国特色社会主义共同理想是中国现阶段实实在在的奋斗目标，是全国人民团结的思想基础，具有强大的整合功能与激励作用。社会主义核心价值体系的信念取向，就是在全社会树立起中国特色社会主义的共同理想，坚定不移地推进经济建设、政治建设、文化建设、社会建设、生态文明建设"五位一体"的协调发展，总的任务就是实现社会主义现代化和中华民族的伟大复兴。这一共同的理想信念对社会诚信建设体系的总体目标提出了要求：以人民群众作为最高的价值主体，让人们群众共同参与社会诚信建设，使人民群众共同充分享有社会诚信建设的成果，从而实现人的自由全面发展。社会主义共同理想，体现了社会诚信建设的要求，决定着社会诚信建设体系的目标追求，是动员全国各族人民积极参与社会诚信建设的精神旗帜。在我国社会主义社会发生深刻变革的今天，我们更需要坚定中国特色社会主义的共同理想信念，不断完善社会诚信建设的体系。

第三，民族精神和时代精神构成了社会诚信建设体系的精神支柱。民族精神和时代精神体现了一个民族、一个国家的精神状态，是在历史发展中不断形成的、为社会大多数成员认同和恪守的思想品质以及价值准则，是一个国家文化的重要组成部分，更是一个民族赖以生存和发展的精神支柱。社会主义核心价值体系是既具有强烈的民族性又具有鲜明的时代性的先进思想体系，民族精神和时代精神是该体系的精髓。以爱国主义为核心的民族精神是中华民族生生不息、薪火相传的精神血脉，是民族生命力、凝聚力和创造力的不竭源泉。时代精神是一个民族精神风貌的鲜明体现，代表人们精神世界的主流，反映历史进步的方向。因此，习近平指出："全国各族人民一定要弘扬

---

① 《江泽民文选》第三卷，人民出版社 2006 年版，第 293 页。

伟大的民族精神和时代精神，不断增强团结一心的精神纽带、自强不息的精神动力，永远朝气蓬勃迈向未来。"① 民族精神和时代精神提供社会诚信建设的精神支柱，因为民族精神和时代精神具有广泛的认可性，能够产生强大的感召力和推动力，能够激发全体人民的斗志和社会诚信责任心，如同社会诚信建设的"黏合剂"，将全国各族人民的诚信力量聚集、整合在一起。

第四，社会主义荣辱观蕴含社会诚信建设体系的道德观。道德观是人们对自身、对他人、对世界所处关系的系统认识和看法。中国特色社会主义建设在马列主义、毛泽东思想、邓小平理论和"三个代表"重要思想的理论指导下，立于科学发展观，紧紧围绕全面建设小康社会这一目标，不断向前推进。在社会主义现代化建设的伟大实践中，中国共产党的理论视野不断扩展，提出了社会主义荣辱观，创新了社会诚信建设体系的道德观。以"八荣八耻"为主要内容的社会主义荣辱观，即"以热爱祖国为荣、以危害祖国为耻，以服务人民为荣、以背离人民为耻，以崇尚科学为荣、以愚昧无知为耻，以辛勤劳动为荣、以好逸恶劳为耻，以团结互相为荣、以损人利己为耻，以诚实守信为荣、以见利忘义为耻，以遵纪守法为荣、以违法乱纪为耻，以艰苦奋斗为荣、以骄奢淫逸为耻"②，鲜明地体现了当代中国社会最基本的思想道德价值取向和行为准则，是建设社会主义核心价值体系的基础。社会主义荣辱观体现了爱国主义、集体主义和社会主义的道德原则，为全体社会成员确定正确的价值取向、基本的行为准则打下了坚实的思想基础。社会诚信建设体系的道德观倡导诚实守信，这也正是社会主义荣辱观推崇的价值观念。在确立社会诚信建设体系的过程中，我们必须以社会主义荣辱观先进性的导向功能为基础，把社会主义荣辱观当作引领诚信道德风尚的标杆，以凝聚社会诚信共识，做

---

① 《习近平在第十二届全国人民代表大会第一次会议上的讲话》，《人民日报》2013 年 3 月 18 日。
② 《胡锦涛等领导人分别看望政协委员并参加讨论——提出关于"八个为荣、八个为耻"的重要论述》，《人民日报》2006 年 3 月 5 日。

到"在我们的社会主义社会里，是非、善恶、美丑的界限绝对不能混淆，坚持什么、反对什么，倡导什么、抵制什么，都必须旗帜鲜明"①。

社会主义核心价值体系四个紧密相连的内容，是中国共产党领导全国各族人民在社会主义实践中提炼出来的思想文化的精华，组成了社会主义意识形态的重要内容，是社会主义思想道德的指导方针。胡锦涛指出："社会主义核心价值体系是社会主义意识形态的本质体现。"② 因此，社会主义核心价值体系，为社会诚信建设指明了所应遵循的社会主义的价值取向，是社会诚信建设重要的理论依据。

二、社会主义核心价值体系为社会诚信建设提供了所应遵循的价值标准

社会主义核心价值体系奠定了全党、全国各族人民团结奋斗的共同思想根基，是我国社会主义制度顺利运转、保持良好社会秩序的基本精神依托。社会主义核心价值体系为社会诚信建设指明了方向。基于经济、政治、文化领域，社会主义核心价值体系构建了社会诚信建设所应遵循的三向维度的价值标准。

从经济领域看，社会诚信建设适应社会主义市场经济发展的需要。社会主义市场经济同社会主义基本的社会制度紧密结合在一起，市场对资源的配置起决定作用。发展社会主义市场经济的目的是通过价值规律的作用，社会资源得到优化配置，经济活动主体的竞争意识加强，社会劳动效率进一步提高。以上目的的实现，是建立在公平公正的等价交换基础之上，而这种等价交换的成功与否一定程度上取决于交换双方能否遵循诚实守信的原则。社会诚信建设对于社会主义市

---

① 胡锦涛：《牢固树立社会主义荣辱观》，《求是》2006 年第 9 期。
② 胡锦涛：《高举中国特色社会主义伟大旗帜，为夺取全面建设小康社会新胜利而奋斗——在中国共产党第十七次全国代表大会上的报告》，《人民日报》2007 年 10 月 25 日。

场经济的发展具有重要意义，其理应顺应和推动社会主义市场经济的发展，这是因为：其一，社会诚信建设能够规范社会主义市场经济秩序。在社会主义市场经济运行的过程中，市场主体力求自身利益的最大化。如果任由市场主体"唯利是图"，不受任何道德约束，势必会造成社会主义市场经济整体秩序的混乱。因此，通过社会诚信建设，市场主体的诚实守信观念就会增强，进而市场主体按照市场运行的规则办事，严格遵守平等互利、商务诚信原则。这样，社会主义市场就会形成公平合理的有序竞争氛围，市场主体诚实守信的道德自律意识就会强化，以"交换为核心"的社会主义竞争经济就会蓬勃发展，从而在"优胜劣汰"的生存法则推动下实现社会资源的科学配置，这将有力地促进社会主义市场经济更好更快的发展。其二，社会诚信建设能够降低社会主义市场交换成本。作为一种信用经济，社会主义市场经济是以诚实守信为基础的主观承诺与客观实践相结合的经济活动。倘若"言而无信"，不但市场主体的利益失去了保障，而且社会和个人必须花费精力去维护市场的公正秩序，加大了市场交换的成本。因而，推动社会诚信建设，能够使社会主义市场交换高效运行，有效避免经济交往中的利益冲突，消除投机取巧、弄虚作假、损人利己等不正当行为，减少违约的风险成本，降低市场交换的费用，提高社会主义市场经济运行的效率。社会主义市场经济的不断深化，人们的社会关系越来越密切，市场交换的方式也在发生着变化。只有将社会诚信建设作为社会主义市场经济发展的基石，社会主义市场经济的资源流动和社会财富的交换才有一个可靠的保障，社会主义市场经济才会更加发达。

从政治领域看，社会诚信建设适应民主政治建设的需要。在人类社会发展的过程中，一定的社会经济形态总是决定着、支配着社会的政治形态，政治形态对经济基础具有反作用，民主政治促进市场经济的健康发展。我国的社会主义生产资料公有制经济基础决定了我国政治制度的本质是人民当家做主。我国的政治制度归根结底是为实现和维护广大人民的根本经济利益服务的，这要求制定的各项政策、规章制度必须体现出公正性，而加强民主政治建设是实现政治公正的有效途径。列宁指出："民主意味着在形式上承认公民一律平等，承认大家都有决定国家制度和管理国家的平等权利。"① 邓小平结合中国特色社会主义建设的实践，又明确强调："没有民主就没有社会主义，就没有社会主义现代化。"② 所以，健全社会主义民主政治，发展社会主义政治文明，成为我国建设社会主义小康社会的重要目标。实现这一目标，必须强化社会诚信建设。通过社会诚信建设，政府就会牢固树立"立党为公、执政为民"的理念，这使政府的每一项政策更加规范化、透明化、科学化，让政府机关政策制定与政策执行相符合，做到令行禁止，不能朝令夕改、出尔反尔，真正树立良好的诚信政府形象，促进社会主义核心价值观的培育和践行。因此，社会诚信建设适应了社会主义民主政治的需要，为发扬社会主义民主政治奠定了基础。

从文化领域看，社会诚信建设适应了先进文化发展的需要。文化凝聚了一个民族的灵魂和血脉，肩负国家发展、民族振兴的重任，是提升国家核心竞争力的重要因素，已经成为衡量一个社会文明程度和人民生活质量的明显标志。党的十七大报告强调："当今时代，文化越来越成为民族凝聚力和创造力的重要源泉，越来越成为综合国力竞争的重要因素，丰富精神文化生活越来越成为我国人民的热切愿望。要坚持社会主义先进文化前进方向，兴起社会主义文化建设新高潮，激发全民族文化创造活力，提高国家文化软实力，使人民基本文化权益得到更好保障，使社会文化生活更加丰富多彩，使人民精神风貌更加昂扬向上。"③ 社会主义核心价值体系在整个社会主义文化建设中居

---

① 《列宁专题文集·论马克思主义》，人民出版社 2009 年版，第 270 页。
② 《邓小平文选》第二卷，人民出版社 1994 年版，第 168 页。
③ 胡锦涛：《高举中国特色社会主义伟大旗帜，为夺取全面建设小康社会新胜利而奋斗——在中国共产党第十七次全国代表大会上的报告》，《人民日报》2007 年 10 月 25 日。

于统摄地位，其具有鲜明的时代性、前瞻性，体现了先进文化的本质特征，社会诚信建设适应了这一先进文化发展的需要，这是因为：社会主义核心价值体系不但是社会主义先进文化的精髓，更是社会诚信文化健康、持续发展的内在价值诉求。"诚信"是社会主义市场经济中人们处理各种关系的重要的行为准则，市场经济越发达，就越注重信誉问题。"百金求名，万金求誉"，任何一个民族、任何一个国家、任何一个时代都推崇积极的诚信文化。良好的诚信文化是个人、企业、社会不断进步，永远立于不败之地的法宝。因此，社会诚信建设铸就的先进诚信文化，直接影响着人们的行为选择和价值判断，使人们的思想道德水平上升到一个新的台阶。

三、社会主义核心价值体系为社会诚信建设指明了所应采取的途径和方法

社会诚信建设，既是社会道德建设的重要方面，又是确保社会价值观正确走向的重要问题。社会主义核心价值体系为社会诚信建设提供了指导思想、价值导向、道德规范以及方法指引。党的十七大报告指出："切实把社会主义核心价值体系融入国民教育和精神文明建设全过程，转化为人民的自觉追求，积极探索用社会主义核心价值体系引领社会思潮的有效途径。"① 所以，社会诚信建设必须以社会主义核心价值体系为依托，在社会主义核心价值体系的指引下探索和创新社会诚信建设的途径和方法。

其一，以社会主义核心价值体系为主要内容，加强社会诚信教育。诚信归属于社会的思想道德问题，加强社会诚信建设，必须不断强化诚信教育，提升社会的诚信意识。诚信作为社会主义核心价值体

---

① 胡锦涛：《高举中国特色社会主义伟大旗帜，为夺取全面建设小康社会新胜利而奋斗——在中国共产党第十七次全国代表大会上的报告》，《人民日报》2007 年 10 月 25 日。

系的重要价值观，是中国特色社会主义共同理想的价值追求，不但体现了鲜明的时代精神，而且符合社会主义荣辱观的道德要求。在社会诚信建设中，我们应当将社会主义核心价值体系作为主要内容，不断加强社会诚信教育。首先，以强化人们对社会主义核心价值体系的认同效应为契机，在思想政治教育中突出诚信教育，让人们进一步提高对诚信的认识，在思想上高度重视诚信问题。特别是在关键部门，比如文化部门、教育部门，始终把诚信教育纳入日常工作议程，扩大诚信教育的力度，在全社会形成讲诚信的良好氛围。其次，以巩固社会主义核心价值体系的实践效应为基础，大力开展丰富多彩的诚信文化活动，积极发挥媒体优势，广泛宣传社会诚信文化，树立诚信道德典型，使社会诚信教育蔚然成风。

其二，以社会主义核心价值体系为引领，完善社会诚信规章制度。社会诚信不仅是思想问题，更是制度问题。在社会主义核心价值体系的引领下，应当建立和完善社会的诚信规章制度。邓小平指出："制度好可使坏人无法任意横行，制度不好可以使好人无法充分做好事，甚至走向反面。"[①] 因此，社会诚信建设仅仅依赖教育不足以达到目的，还需要用相应的规章制度来对其进行规范。正如有关学者所说："诚信作为一种基本的道德规范，与其他道德规范一样，主要是风俗习惯、家庭和社会教育、社会舆论、人们内心信念以及自愿的实践四种因素来维系。但我们也不可忽略一个最基本的事实，这就是它也必须由社会的刚性制度来保障。"[②] 社会主义核心价值体系本身所具有的真理性、科学性、时代性，最大限度地契合了社会诚信规章制度的完善，为社会诚信建设指明了路径。

---

① 《邓小平文选》第二卷，人民出版社 1994 年版，第 333 页。

② 林其屏：《规则和信用：市场经济两大基石的缺损与重构》，《福建论坛（经济社会版）》2002 年第 1 期。

第二节　社会诚信建设丰富了社会
主义核心价值观的内涵

2013 年 12 月，中共中央办公厅印发了《关于培育和践行社会主义核心价值观的意见》。该意见指出"富强、民主、文明、和谐是国家层面的价值目标，自由、平等、公正、法治是社会层面的价值取向，爱国、敬业、诚信、友善是公民个人层面的价值准则，这 24 个字是社会主义核心价值观的基本内容，为培育和践行社会主义核心价值观提供了基本遵循"①。社会主义核心价值观是社会主义核心价值体系的内涵，是社会主义核心价值体系基本理念的统一体。社会主义核心价值观对社会主义核心价值体系进行了高度的凝练，直接反映了社会主义核心价值体系的本质性规定，贯彻于社会主义核心价值体系基本内容的方方面面。用社会主义核心价值观引领社会思潮、聚集社会共识有着重要的理论与实践意义。社会诚信建设作为社会主义核心价值体系建设的重要组成部分，在构建社会主义核心价值观过程中，无论从国家层面、社会层面还是个人层面来说，社会诚信建设对于丰富社会主义核心价值观的内涵都将起到积极的推动作用。

一、社会诚信建设为社会主义现代化国家建设提供支撑

社会主义核心价值观倡导的"富强、民主、文明、和谐"，是社会主义核心价值观的灵魂，在社会主义核心价值观中居于最高层次，体现了中国特色社会主义现代化建设总体布局的价值目标追求。社会诚信建设在国家层面上对社会主义现代化国家提供了强有力的支撑。

社会诚信建设有利于促进国家的富强。"富强"即"国富民强"，

---

① 《关于培育和践行社会主义核心价值观的意见》，《人民日报》2013 年 12 月 24 日。

是社会主义现代化国家经济建设的重大使命，是全国各族人民梦寐以求的美好夙愿，也是国家繁荣昌盛、人民幸福安康的物质基础。社会诚信建设如同"强心剂"，对实现国家的富强至关重要，正如古人所说的那样："人无信不立，业无信不兴，国无信不宁。"诚信是政府进行社会管理的基础，是治理国家的珍宝。荷兰的思想家斯宾诺莎着重强调政治上的"信义"，他曾说过："统治者不凭信义来处理政务就办不好，这样的国家就不会是稳定的。如果一个国家要维持得久远，其政治上的组织必须是这样，就是使统治者没有法子失信或妄为。"① 这说明诚信在国家政治生活中扮演着重要的角色，政府诚信是社会诚信的关键。社会诚信建设能够为改革开放集聚能力，是促进改革开放深入的动力因素。改革开放是一项系统的工程，是国家富强必走之路。改革开放顺利进行的前提是国家政治必须稳定。政府诚信事关民心得失、事关社会政治稳定的重大问题，是中国共产党执政的基础，是国家政治稳定的保障，是国家对外交往的基本原则。"就社会而言，诚信是正常的生产生活秩序；就国家而言诚信是良好的国际形象。诚信是道德范畴和制度范畴的统一，讲诚信有利于社会效益和经济效益的统一，加强诚信建设体现了法制建设与道德建设、依法治国与以德治国的紧密结合。"② 所以，社会诚信建设能够维持国家的政治稳定，进而为国家的改革开放注入活力。只有加强社会诚信建设，真正做到"守信于民、服务于民"，才能使国家稳定发展，才能使改革开放取得良好成绩，国家的内在实力才能够不断得到壮大，实现国家富强的目标就会指日可待。

社会诚信建设有利于发扬社会主义民主。社会主义民主是我国各族人民的美好诉求，我国民主的核心是人民当家做主。社会主义民主是社会主义的生命，是创造人民幸福美好生活的政治保证。社会诚信

---

① 何怀宏：《良心论》，上海三联书店1994年版，第385页。
② 韩铁椿、蒋小雯：《论诚信》，《毛泽东邓小平理论研究》2002年第4期。

建设在一定程度上能够打造信用政府，让政府成为诚信的表率，承担起应有的职责，这是因为社会诚信建设可以强化政府的契约观念和平等意识。政府的契约是人们在理性驱使下为脱离社会争夺的混乱状态去寻求有组织、稳定的社会而相互订立的一种社会契约，人民与政府之间实质是一种权利的授受和委托的关系①。政府制定、出台的各项法律法规，等同于政府向人民作出的承诺，相当于政府与人民相互之间达成的契约，遵守这个契约是双方共同的义务。社会诚信建设就是要求政府应该首先恪守契约，秉承诚信原则，不能以权压人、以权谋私，随意毁约，必须忠诚履行对人民作出的庄严承诺。乔·萨托利说过："只有当受治者同治者的关系遵循国家服务于公民而不是公民服务于国家，政府为人民而存在而不是相反这样的原则时，才有民主制度存在。"② 这说明，一个"言必信，行必果"、向人民负责的政府是民主制度产生的必要条件。因此，政府诚信的率先垂范才能使社会主义民主发扬得更好，加强政府诚信建设能够为社会主义民主政治带来发展的动力，能够有力落实社会主义民主。

社会主义诚信建设有助于建设社会主义文明。社会主义文明的外在表现形式体现在社会主义文化上。文化是一个民族、国家和地区发展的脊梁，它能够增强吸引力，形成强大的凝聚力，创造社会生产力，提高国家的竞争力。因此，党的十八大要求："扎实推进社会主义文化强国建设。文化是民族的血脉，是人民的精神家园。文化实力和竞争力是国家富强、民族振兴的重要标志。我们一定要坚持社会主义先进文化前进方向，树立高度的文化自觉和文化自信，向着建设社会主义文化强国宏伟目标阔步前进。"③ 社会主义文化强国建设囊括社会诚信建设，社会诚信建设助推社会主义文化建设，这主要表现为：

---

① 贺秀英：《和谐社会视野中的政府诚信问题研究》，硕士学位论文，中国石油大学（华东），2010年，第1—2页。

② ［美］乔·萨托利：《民主新论》，上海人民出版社2009年版，第38页。

③ 胡锦涛：《坚定不移沿着中国特色社会主义道路前进 为全面建成小康社会而奋斗——在中国共产党第十八次全国代表大会上的报告》，《人民日报》2012年11月8日。

一方面，社会诚信建设传承中国优秀的传统诚信文化，这对社会主义文化建设具有滋养作用。一直以来，诚信被人们认为是"安身立命之本"，在中华民族悠久的历史文化中居于重要的位置，构成了中华民族文化的生命体。优秀的诚信文化，不但向世人展示了中华民族浓厚的文化底蕴，而且还激励着中华民族保持昂扬向上、团结奋斗的精神去建设社会主义，成为社会主义文化建设的思想资源，有力地促进了社会主义文化建设。另一方面，社会诚信建设体现社会主义文化建设的时代特征，这为社会主义先进文化发展提供了活力。社会主义先进文化是一种积极、高雅、理性的文化，是面向现代化、面向世界、面向未来的文化。社会诚信建设立足于经济全球化、科技现代化这样的背景，彰显时代进步发展的动态趋向，不断孕育出新的思想、新的观念和新的意识。这些新的理念熔铸于社会主义先进文化之中，成为社会主义先进文化建设的重要资源、有力保障和宝贵财富，使社会主义先进文化永葆青春和生机，不断向前推进社会主义文明建设，从而开创中国特色社会主义事业崭新的局面。

社会诚信建设铸就和谐社会的道德基石。构建和谐社会，不应该完全取决于具有强制力的法律法规，而应该注重全社会成员道德品质的提升。正如亚当·斯密所说的那样："与其说效用，仁慈是社会生存的基础，还不如说信用，诚信和正义是这种基础。"[1] 我国古代先贤将"诚信"放在伦理道德的首要位置，《礼记·大学》这样描述："意诚而后心正，心正而后身修，身修而后家齐，家齐而后国治，国治而后天下平。"这里特别突出了"意诚"的思想，认为"意诚"是心正、修身、齐家、治国、平天下的根本。社会诚信建设不仅起到调节人们行为规范的作用，而且支撑着整个社会的道德体系。"一个和谐的社会，必然是一个诚信友爱的社会，如果说，和谐社会是用道德与法律

---

① ［英］坎南：《亚当·斯密关于法律、警察、岁入及军备的演讲》，陈福生等译，商务印书馆1962年版，第324页。

来维系的，其中道德的核心便是诚信友爱。"① 可以这样说，一个社会的正常运行既要有制度的安排，还必须要有道德的约束，而社会诚信建设同社会发展的各种制度相适应，其是社会道德的基石。社会诚信建设从个人角度来说，其能够使家庭关系和睦稳定，使夫妻双方义不容辞地承担起应尽的道德义务和应负的道德责任，夫妻关系保持长久的、和谐的、稳定的状态。从社会角度来说，"诚信作为一种经济文化，社会理念，现在已成为市场经济中的核心理念之一。它在很大程度上涉及自然人、市场主体、团体、行业，乃至整个国家之间的关系协调，处理不好会影响到社会的发展与稳定"②，社会诚信建设对社会主义和谐社会的各个方面都起着调节作用，能够有力推进社会主义和谐社会的全面建设。

诚信是特殊的有价商品，也是无形的商业资本。社会诚信建设是面向个人、组织和社会的一项重大工程，也是在社会主义市场经济体制下对个人、组织和社会提出的客观要求。社会诚信建设的直接效果就是使诚信的价值在今后的社会发展中得到显著提高，这为推动社会经济的良性发展奠定基础，从而有力地促进了社会主义现代化国家的建设。

二、社会诚信建设彰显"社会和谐"的社会主义基本理念

社会主义社会应该体现最广大人民群众的思想意志和根本利益，以最广大人民群众生产、生活需要为基础，建立人民群众当家做主的社会主义制度。所以，社会主义社会的基本理念就是要实现"社会和谐"的目的，在人与人、人与社会、人与自然之间形成良好的和谐关系。

社会诚信建设是我国道德体系建设的根本和基础，从社会层面上

---

① 傅治平：《和谐社会导论》，人民出版社 2005 年版，第 22 页。
② 邹建平：《诚信论》，天津人民出版社 2005 年版，第 31 页。

说，其体现了社会主义"社会和谐"的基本理念，这主要表现在以下几个方面：第一，社会诚信建设能够满足社会各阶层的要求，进而达到"社会和谐"。通过社会诚信建设，社会各阶层能够互惠互利，个人的利益都能得到保障、满足，各阶层间的利益关系在相互信任的基础上得到协调，从而使社会各阶层的成员在社会主义现代化建设的过程中充分发挥自己的积极性、主动性，各尽所能，各得其所。社会成员安居乐业，社会关系融洽，社会治安良好，社会稳定，人人都在为中国特色的社会主义事业不断贡献力量，一个由全体人民共同建设的充满"和谐"的社会主义现代化国家必将屹立世界。第二，社会诚信建设能够保证经济与社会的协调发展。社会历史发展表明，经济是基础，推动着社会的发展。只有经济发展积累了一定的物质基础之后，各项社会事业才有发展的可能。社会诚信建设能够促进经济发展，一切社会的物质资料的生产都离不开对诚实信用的要求，一切社会的劳动产品和商品交换都必须以诚实信用为基础，社会诚信建设是经济发展的支柱。社会诚信建设在为经济发展注入动力的同时，也促进了社会的发展。社会发展会因经济的发展而发展，两者只有协调发展，社会才能和谐。如果只是经济一味发展，社会发展总滞后于经济发展，那么经济发展由于得不到一些软环境支撑就会发展迟缓，由此会产生一系列的社会矛盾。解决这些社会问题的途径之一就是要加强社会诚信建设，从而构建一个经济、社会协调发展的社会主义社会。第三，社会诚信建设能够维护社会公平公正。"追求公平正义是人类社会发展的一种进步的价值取向，是社会主义和谐社会形成的重要前提和基本特征。"① 公平正义既是人类衡量美好社会的标准，又是社会和谐的基石。在建设社会主义的进程中，必须把公平公正放到突出的位置，正确反映和兼顾人民群众的利益，妥善协调方方面面的关系，处理好

---

① 庞元正：《怎样理解和谐社会是公平正义的社会——学习胡锦涛同志重要讲话系列谈》，《人民日报》2005 年 4 月 6 日。

社会出现的各种问题，切实维护社会正义，使公平正义成为社会主义社会的中流砥柱。社会诚信建设能够使社会结构趋于合理，社会资源分配更加公平，给社会成员提供更多的发展机会，社会成员之间没有高低、贵贱之分，都以平等身份交往，让社会充满公平正义，社会主义社会将变得更加和谐。

三、社会诚信建设有力促进公民道德建设

《公民道德建设实施纲要》要求：在全社会大力倡导"爱国守法、明礼诚信、团结友善、勤俭自强、敬业奉献"的基本道德规范，努力提高公民道德素质，促进人的全面发展，培养一代又一代有理想、有道德、有文化、有纪律的社会主义公民。"明礼诚信"作为全民的基本道德规范之一，构成了社会主义核心价值观的重要内容。党的十六大报告则明确指出，我们要"认真贯彻公民道德建设实施纲要，弘扬爱国主义精神，以为人民服务为核心、以集体主义为原则、以诚实守信为重点，加强社会公德、职业道德和家庭美德教育，特别要加强青少年的思想道德建设，引导人们在遵守基本行为准则的基础上，追求更高的思想道德目标"①。党的十七大继续强调要"以诚实守信为重点"，加强社会道德建设，把诚信建设提升到了非常重要的地位。党的十八大在此基础上将诚信纳入社会主义核心价值观的重要内容，并对社会诚信建设提出了具体要求，指出全社会应以诚信作为基本道德准则。

在现代生活中，"公民"始终是社会最基本的角色。我国对公民道德的目标定位，比较准确地反映了社会生活的变化给道德建设提出的新要求。社会诚信建设要求公民树立诚信的价值观，要说老实话、办老实事、做老实人。"诚信"的道德规范既是对中国优秀传统道德

---

① 江泽民：《全面建设小康社会，开创中国特色社会主义事业新局面——在中国共产党第十六次全国代表大会上的报告》，《人民日报》2002 年 11 月 18 日。

的继承和弘扬，又是在市场经济条件下公民与公民、公民与社会之间的基础性的行为规范。诚信不仅是对公民人格的基本要求，而且也是处世做人的基本准则。只有诚信做人，才能诚信对待一切，才有可能拥有高尚的情操。所以，立身处事一定要坚守"诚信"的原则，无论说话做事，贵在真实、实事求是。社会诚信建设就是要弘扬"真实"的风气，让诚信的本质凸显出来，要求人们应该做到表里如一，不能口是心非，只有将"实心、实言、实行"统一起来，才能做一个诚实而又正直的人。只有诚实守信的人，才能得到他人的信任、支持与尊敬，才能在社会上立足，才有可能成就一番事业。在诚信建设力量的推动下，社会成员的道德修养加以提高，全社会就会形成人人讲诚信的浓郁氛围，公民遵守"诚信"的基本道德规范蔚然成风。这样，社会诚信建设极大地推进了公民道德建设，为创建幸福、温馨、美好的社会主义和谐社会提供必要的支撑。

第三节　社会诚信建设必将促进社会主义核心价值观的培育和践行

核心价值观，是人们对社会价值的性质、构成、标准和评价的根本看法与态度。核心价值观会因国家、民族、社会的不同而不同，对人们的思想观念和价值取向产生重要的影响，并对社会的发展方向起到引领作用。当今世界，核心价值观被视为一个国家软实力的象征。党的十八大提出的社会主义核心价值观，是由以爱国主义为核心的民族精神、以改革创新为核心的时代精神和社会主义荣辱观组成，是反映现阶段全国人民最大公约数的准确表述，是党和政府、人民群众为之努力奋斗的价值取向，是提升中国软实力的工具，是实现中华民族伟大复兴的精神力量。社会主义核心价值观是我国社会意识形态的主流，如何更加有效地传播社会主义核心价值观，使社会主义核心价值观得到广泛的认同，对于社会主流意识的构建尤为重要。价值认同主要是指"个体或社会共同体（民族、国家等）通过相互交往而在观念上对某一或某类价值的认可和共享，是人们对自身在社会生活中的价值定位和定向，并表现为共同价值观念的形成"①。将社会诚信建设融入人民群众生活之中，渗透到社会的每个角落，这能够加强社会主义核心价值观的传播与认同。

一、社会诚信教育是社会主义核心价值观教育的重要内容

诚信不仅指个人诚信道德品质，还包括社会政治诚信、社会经济诚信、社会文化诚信和法制意义上的诚信原则等。从诚信的培养上看，诚信理念不是凭空产生，也不是自然而然产生，更不可能一蹴而就。诚信需要经过长期的教育培养和实践才能养成，故要通过诚信教育让每个公民自觉地把诚信认识化为诚信意识，主动地把诚信意识转变为诚信行为，从而为构建社会主义和谐社会奠定坚实的基础。从"诚信"的思想及概念分析，"诚信教育"有狭义和广义之分。狭义的诚信教育属于狭义的道德教育范畴，是指教育者根据一定社会的要求和受教育者的需要，遵循人类品德形成的规律，并采用一定的道德教育方法，培养受教育者诚实与守信这种道德品质的教育活动。广义的诚信教育则指一切有关诚信道德和诚信原则的教育活动，这种活动有属于公民道德教育的活动，包括在政治、经济和文化等社会活动领域内进行的社会诚信伦理教育，如政治诚信教育、经济诚信教育、文化诚信教育等，也有关于诚信原则的法制教育环节。无论从狭义和广义来说，"诚信教育都是人类传播活动的一种特殊表现形式，是一个为大众所理解、掌握和实践诚信的过程，受众接受传播的状况是教育传播效果的检验标准"②。社会诚信教育不仅传承中华民族优良的诚信传

---

① 周正艳：《社会主义核心价值观认同路径探究》，《湖南社会科学》2012 年第 6 期。
② 郭猛：《诚信教育传播的心理机制研究》，《教育评论》2012 年第 5 期。

统，而且构成社会主义核心价值观的重要内容。

首先，社会诚信的道德教育是社会主义核心价值观教育的基石。社会诚信的道德教育是培育人们的诚信道德规范，使人们养成言语真实、恪守诺言的良好品德，提高自身的道德操守，这主要包括：一是美德教育。李嘉诚曾这样说，"做事先做人，一个人无论成就多大的事业，人品永远是第一位的，而人品的第一要素就是诚信"。因此，美德教育要求人们做到"明理诚信"，言而有信，行为真实，不欺诈，培养诚实守信的品德。二是社会公德教育。社会公德是社会生活中最普通的行为准则，维持着社会公共生活健康有序的基本条件。社会诚信公德教育是形成、巩固、推进诚信的良好行为习惯以及诚信道德风尚的重要环节，关系着社会整体诚信精神的风貌。三是职业道德教育。"忠于职守、实事求是、言行一致"是职业道德诚信教育的重要内容，其有助于人们营造和谐、融洽的工作环境，有利于人们认清自身所肩负的社会责任。总而言之，社会诚信的道德教育组成社会主义核心价值观的教育，通过社会诚信的道德教育，社会成员的诚信自律程度加强，社会主义核心价值观深深地植入人们的思想之中。

其次，社会诚信的法律教育是社会主义核心价值观教育的外延。社会诚信的法律教育，是用法律规范中的有关诚实、信用的条款教育人们自觉遵守法律、履行法律所赋予的权利与义务。我国法律从实质上来说，是社会主义核心价值观外在的、具体的表现形式，因而，社会诚信的法律教育在一定程度上体现了社会主义核心价值观的教育，在功能上外延了社会主义核心价值观教育。

社会诚信教育构成了社会主义核心价值观教育的重要内容，所以，加强诚信教育，在构建社会主义核心价值观中具有极其重要的地位。2013 年年初，中国社会科学院社会学研究所发布的《社会心态蓝皮书》揭示，当前我国的社会不信任现象呈现扩大化现象，社会冲突和社会矛盾在不断地增加。根据该研究所的调查，只有 20%—30% 的人信任陌生人，而不到 50% 的人认为社会上大多数人可信，人际之间的不信任现象进一步扩大。群体间的不信任也在不断加深和固化，这具体表现为官民、警民、医患、民商等各种社会关系的不信任，还存在不同阶层、不同群体之间的不信任现象。种种迹象表明，社会的不信任将会导致社会冲突的增加，社会冲突的增加又进一步恶化了社会的不信任环境，导致社会陷入不信任的恶性循环困境中。由社会不信任引发的"诚信危机"令人感到震惊，也对社会诚信教育提出了严峻的挑战。因此，面对现状，唯有加强社会诚信教育，才能使社会主义核心价值观教育深入人心，才能使诸多诚信问题走出泥潭。

二、社会诚信体系建设为社会主义核心价值观建设提供支撑

社会诚信体系的建立，是指通过对社会活动主体的诚信状况进行记录和评价，组合各种与诚信相关的社会力量，建立起诚信制度，以期共同促进社会诚信的完善与发展，以制约和惩罚失信行为的一种社会体系。由于传统诚信观强调诚信要合乎义理、良心，注重个人情感，因而传统诚信观对诚信的评价标准常常具有不稳定性的特点。而现代社会诚信观涵盖对道德人格的评价，还应包括对诚信方面的具体资料的掌握、分析和评估，需要一定的实证为诚信观的具体思想提供必要的支持。否则，建立在主观基础上的诚信思想就容易被滥用，容易产生偏颇。我国现代社会诚信体系是适应市场经济的发展要求而建立起来的。因而，社会诚信建设，不但需要我国传统诚信舆论、社会习俗及道德自律的支持，更需要一整套诚信制度、法律来规范约束，也需要建立完善的能够促进社会诚信发展的现代信息处理机制。社会诚信体系是一个复杂的系统，从层次上讲，包括他律控制层及自律屏障层①。诚信是社会主义核心价值观的重要内容，完善的社会诚信体系能够提升社会主义核心价值观，社会诚信体系建设为社会主义核心

---

① 周克庸：《诚信体系的三个层面》，《光明日报》2003 年 2 月 25 日。

价值观提供有力的支撑。

（一）社会诚信体系他律控制层的强化为践行社会主义核心价值观做了必要的保障

所谓他律控制层是指来自外部最严密、最有效的一种诚信监督层次。在这一层面上，"法制约束"是主要的因素。诚信的法制对社会诚信体系起到保障作用。没有诚信方面的立法，践行诚信的实践就会失去外在的保障，各种失信行为得不到惩罚，社会就会变得紊乱。因而，现代社会的发展与现代社会诚信体系的建立密不可分。现代社会诚信体系的建立和完善，就是要求建立、健全与社会发展相适应的、稳定的信用制度和诚信管理制度，在社会上形成针对信用活动的约束监控机制、防患纠错机制、评估奖惩机制和诚信导向机制。所有机制的建立都需要借助国家机器的强制力量，以法律法规的形式赋予履行诚信义务与职责的普遍效力。伴随着社会经济发展的需要，从诚信体系建设的全局出发，在适时出台一系列法律法规的同时，要加强信用方面的立法和执法，强化法律对失信行为的威慑力，用制度约束人们的失信行为，做到有法可依、有法必依、执法必严、违法必究，使社会诚信体系的法制约束趋于完善，充分发挥法制在事中监控和事先防范的功能，确保诚信行为得到褒奖、失信行为得到惩处的功效。这样，通过对社会诚信体系他律控制层的强化，社会主义社会的市场秩序将得到有效的规范，人们诚实守信的意识得到了增强，这将极大地促进社会风气的好转，为社会主义核心价值观的传播和践行提供良好的土壤。

（二）社会诚信体系自律屏障层的实现为增强社会主义核心价值观做了有力的支撑

社会诚信体系的自律屏障层，是指在没有监督的情况下，通过自我要求，变被动为主动，自觉地遵循诚信原则，用诚信思想来约束自己的一言一行。自律屏障层并不是让现有的一系列规章制度层层束缚自己，而是用自律的诚信行动创造出一种井然的诚信秩序，从而为我们的生活获取更大的自由。社会诚信体系自律屏障层的关键要素主要包含与社会诚信准则同构的公民人格和组织理念。社会诚信体系从内容上分析，其以个人信用和组织信用为基础。不管是个人信用，还是组织信用，无论诚信法律法规多么健全、细密，外在的社会规范并不是"万金油"，它们摆脱不了一些先天的局限。只有将外部的约束与个人或者组织的自律结合起来，社会诚信体系才能更加完美。在社会经济生活中，个人是最基础的行为"元素"，社会组织是由建立在某种契约基础上的个人组成，组织的各种行动都是通过个人的行为来实现。所以，社会诚信体系的自律屏障层应先从公民的人格抓起，通过对个人诚信人格的塑造，组织的诚信理念就会得到加强，社会诚信体系自律屏障层的目标能够得到实现，从而现代社会诚信体系在中国社会主义市场经济的实践中重新确立起人们对现代诚信文化的信仰，社会的诚信行为逐渐由他律转变成自律，变成人们内心的一种信念，一种价值观，进而使社会主义核心价值观真正建立起来。

三、社会诚信环境是培育和践行社会主义核心价值观的条件基础

良好的社会诚信环境是社会健康发展的必要条件。在社会主义市场经济体制下，我们要大力弘扬传统的诚信文化，形成以讲诚信为荣、以背离诚信为耻的社会道德环境。诚信文化环境的形成以及弘扬过程，实际上是一个不断积淀与优化的过程。如果一个社会长期存在信用缺失现象，那么这个社会的人文环境就会变坏，人们之间的尊重、承诺、关怀、合作、信任等维护社会健康发展的信念和准则将受到动摇，让人们失去安全感，以致人们随时防备他人的失信行为。在这样的环境下生存，人们社会交往的成本增高。长此以往，社会处于人人自危的尴尬境地，社会经济发展的环境将被极大地破坏。所以，建立良好的社会诚信环境对于我国经济社会发展至关重要。良好社会诚信环境的建立，需要在社会主义市场经济建设的过程中，高度重视

社会诚信建设，从而为实现社会和谐发展的目标提供支持。

社会诚信环境的建设与优化需要做到：一方面，加强以"诚信"为中心的社会主义德育工作，这有助于提高公民"明礼诚信"的道德素质以及公职人员树立良好的职业道德、信念和志向，有助于各类教育工作者起到诚信的表率和示范作用，更好地为经济建设服务，为人民服务。另一方面，优化诚信制度的社会环境，需要把一切诚信活动纳入法制轨道，不断维护和培育良好的诚信秩序。在现代市场经济社会，诚信的基础和依据首先是法律。完善社会的法律体系是营造和保护诚信的社会环境的重要工具。在执法上加大对欺诈行为的打击力度，使欺诈者无处可逃；在立法上细化诚信的规章制度，使不诚信行为失去泛滥的机会；在普法上大力宣扬诚信制度，使诚信契约思想植根于社会。通过强化诚信的法律意识，正常的经济和社会秩序不但被维持下来，而且人们的合法权益切实得到了保护，这有助于推动整个社会诚信之风的形成，有益于改善和优化全社会的诚信环境。

社会诚信环境的优化为传扬社会主义核心价值观创造了条件。首先，良好的社会诚信环境铸就了人们对社会主义核心价值观的正确判断。在社会主义建设的过程中，社会的每一个成员要明白自己在这个时代肩负的重大任务，就必须拥有正确的精神追求，而健康的社会诚信环境能够促使他们确立正确的社会主义核心价值观，进而让他们形成良好的道德风尚和职业操守，为推进中国特色社会主义伟大事业、实现全面建设小康社会的宏伟目标汇聚力量。其次，良好的社会诚信环境唤醒了人们对社会主义核心价值观的实践意识。社会诚信环境的建设离不开社会成员的广泛参与，既需要树立正确的理想信念，需要倡导伟大的民族精神和时代精神，更需要确立起人人皆知、普遍奉行的价值准则和行为规范。社会诚信环境建设过程是唤醒人们对社会主义核心价值观实践意识的过程，实质是践行社会主义核心价值观真善美的过程。当人人都成为积极活跃的诚信建设主体时，社会主义核心价值观就得到了广泛传扬，为最终实现"共同享有人生出彩的机会，共同享有梦想成真的机会，共同享有同祖国和时代一起成长与进步的机会"的"中国梦"增砖添瓦①。

四、社会诚信建设有利于开展涵养社会主义核心价值观的实践活动

作为社会主义核心价值体系最深层的精神内核，社会主义核心价值观具有丰富的理论内涵，需要在社会实践中彰显伟大的精神力量。正如马克思在《〈黑格尔法哲学批判〉导言》中指出的那样："批判的武器当然不能代替武器的批判，物质力量只能用物质力量来摧毁；但是理论一经掌握，群众也会变成物质力量。理论只要说服人，就能掌握群众；而理论只要彻底，就能说服人。所谓彻底，就是抓住事物的根本。"② 也即，将社会主义核心价值观用于指导实践，并在实践过程中弘扬社会主义核心价值观，社会主义核心价值观才能拥有旺盛活力。离开了实践、抛弃了生活，社会主义核心价值观只能成为空中楼阁。因此，开展涵养社会主义核心价值观的实践活动，尊重人民群众的主体地位，就会增强人民群众践行社会主义核心价值观的积极性和创造性。这是因为，维护最广大人民群众的根本利益是社会主义核心价值体系具有持久生命力的保障，开展社会主义核心价值观的实践活动的根本目的是为了实现人民利益。所以，将社会主义核心价值观根植于中国特色社会主义的伟大实践，从根本上体现了最广大人民利益的主体属性，蕴含了人们最本质的精神需求，最大限度地激发了人民群众践行社会主义核心价值观的主动性，这样就能够"形成有利于培育和弘扬社会主义核心价值观的生活情景和社会氛围，使核心价值观的影响像空气一样无所不在、无时不有"③。

在社会主义核心价值观的实践过程中，由于诚信是社会主义核心

---

① 习近平：《中华民族伟大复兴的梦想一定能实现》，《党建》2013 年第 1 期。
② 《马克思恩格斯选集》第 1 卷，人民出版社 1995 年版，第 9 页。
③ 习近平：《使社会主义核心价值观的影响无所不在》，《人民日报》2014 年 2 月 26 日。

价值观的重要基础，不但具有很好的教育、激励以及评价功能，而且拥有一定的约束、规范以及调节功能。因而，社会诚信建设必将有力地促进社会主义核心价值观的开展，有助于提高社会主义核心价值观实践主体的能动性。

社会主义核心价值观的实践主体包括政府、企业、社会团体、民间组织和广大人民群众等，其核心要素是社会生活的每一个人，而每一个人又是社会诚信建设的参与者。因此，推进社会诚信建设，能够改善社会主义核心价值观实践主体的精神面貌。社会诚信建设可以取得的成效是：其一，人们能够忠于祖国、服务人民。一个诚实守信的人，必然将国家、民族和人民利益放在首位，甘愿为国家发展、社会进步默默奉献，正可谓"为国之本，何莫由忠。忠能固君臣，安社稷，感天地，动鬼神，而况于人乎"（《忠经》）。其二，人们崇尚科学，反对愚昧。漠视科学是一种不诚信的表现，诚信就是要坚持"知之为知之，不知为不知"的科学精神，做到"诚者，实也，实有之，固有之"（《尚书引义》），杜绝欺诈行为。其三，人们艰苦奋斗，诚实劳动。社会诚信建设让人们树立脚踏实地、不怕吃苦、奋发向上的精神追求。正如胡锦涛所强调："一个没有艰苦奋斗精神作支撑的民族，是难以自立自强的；一个没有艰苦奋斗精神作支撑的国家，是难以发展进步的；一个没有艰苦奋斗精神作支撑的政党，是难以兴旺发达的。"[①] 就个人而言，艰苦奋斗精神必不可少，只有经历了"艰难困苦"磨炼，才能攀登上"玉汝于成"的光辉顶峰。其四，人们团结互助、遵纪守法。诚信的人愿意团结帮助他人，恪守真诚、信用的交往原则，在社会上形成健康、和谐的人际关系，同时严于律己，敬畏法律，以遵纪守法作为自己的道德底线。从社会诚信建设预期的成效分析，作为社会主义核心价值观实践的主体，人们不但身体力行重视诚信，而且能够成为社会诚信的践行者与领路人，极大地提高了社会主义核心价值观实践主体的能动性，这为社会主义核心价值观的传播、推广起到了积

---

① 中共中央文献研究室：《十六大以来重要文献选编》（上），中央文献出版社 2011 年版，第 82 页。

极作用，有利于在全社会形成自觉遵纪守法、履行社会责任和家庭责任的氛围，营造知荣辱、讲正气、比奉献、促和谐的社会风气。良好的社会风气对于开展社会主义核心价值观的实践活动具有推进作用，从而使社会主义核心价值观落地生根、开出绚烂之花、结出丰硕之果。

第五章　社会主义核心价值体系引领社会诚信建设的原则和任务

社会主义核心价值体系引领社会诚信建设是在特定建设原则的指导下，针对当前社会诚信存在的问题，完成预期任务的实践过程。原则是社会诚信建设所要遵循的基本准则，是完成建设任务的指导思想和行动指南。任务是建设主体根据特定的主客观条件对建设实践活动在未来一段时期内能够达到效果的一种期望。因此，确定原则和任务是进行社会诚信建设的基本前提条件。

第一节　社会主义核心价值体系引领社会诚信建设的基本原则

社会主义核心价值体系引领社会诚信建设的基本原则不是凭空的思维结果，而是依据社会主义核心价值体系为指导，在社会诚信建设的实践活动中理论抽象的结果。主要表现为以人为本的社会诚信建设理念、以社会主义核心价值体系为导向的原则、诚信教育与诚信实践活动相结合的原则、社会诚信文化建设与社会主义道德建设相结合的原则、整体推进与重点建设相结合的原则和倡树诚信典型与惩戒失信行为相结合的原则等。

一、坚持以人为本的社会诚信建设理念

以人为本原则是社会主义核心价值体系引领社会诚信建设的首要原则。尽管社会诚信建设是以社会客观精神为改造对象，但它反映的却是人的身心之间、与他人之间以及与社会之间的关系。因此，社会诚信建设不能脱离了具体的历史的人来进行。

人的诚信现状是社会诚信建设的出发点，社会诚信建设就是要针对人的诚信素养及对其产生影响的外在条件，提出相应的建设措施。如果离开了人的诚信现状，诚信建设就没有了根本的立足点，建设活动也无从展开。促进人的诚信品德的提升是进行社会诚信建设的重要依据，人的诚信品德是在外在环境影响下的逐步提升的过程。因此，社会诚信建设要与人的诚信素养发展方向相一致、发展目标相吻合、发展条件相适应。如果社会诚信建设脱离了人的诚信素养的发展目标，也就失去了建设的方向；人的诚信素养提升与否是衡量社会诚信建设成效的重要指标之一，社会诚信作为客观精神只是衡量的外在标准，它的建设和发展只有作用于人的诚信素养发展才能发挥作用，只有有利于人的诚信品质提升和诚信行为生成的建设活动才是成功和有效的。因此，人本原则要求社会诚信建设要针对具体的历史的人，贴近人的实际生活而进行。

21世纪前20年是我国经济社会发展的战略机遇期，给我国道德文化建设带来了机遇与挑战。社会诚信建设是诚信问题的呈现、发展和解决的过程，也是人诚信意识培育和诚信行为的养成过程。"在现代性背景下，个人的无意义感，即那种觉得生活没有提供任何有价值的东西的感觉，成为根本性的心理问题。"[①] 诚信缺失等道德文化危

---

① ［英］吉登斯：《现代性与自我认同》，赵旭东等译，生活·读书·新知三联书店1998年版，第9页。

机，也根源于人生存带来的孤独感，于是开始把原始的自然的直接感受作为自己的追求，社会正义和个人崇高都让位于人的具体物质利益或动物本能，社会诚信这种正义的社会生活就被人抛弃。因此，社会诚信要贴近人的精神生活的现代性境遇，从道德文化的角度，从人的现实精神生活状况进行建设。只有坚持"三贴近"，才能保证社会诚信建设的成效，才能提升人们的精神层次，满足人们的文化需求。"三贴近"还为社会诚信建设提供了根本的方法论指导。首先，坚持群众的观点，社会诚信建设的力量产生于群众之中，发展于群众实践之中。只有从群众的精神文化需要出发，才能提升人的诚信素养，从根本上抵制诚信的缺失。其次，坚持实践的观点。社会诚信建设产生于社会主义先进文化发展的实际需要，诚信缺失是在思想文化建设实践中产生的问题，只有通过实践，用发展的办法才能得到真正的解决。再次，坚持求真务实的科学精神。求真务实是建设社会诚信的核心内容，要求大力弘扬求真务实的精神。社会诚信建设只有按照求真务实的要求，反映社会主义社会生活、实践和生产力发展的需要，才能把思想文化建设与人的诚信素养培育有机地统一起来。

　　具体来说，坚持以人为本的建设原则就是社会诚信建设要立足于社会生活实际，针对不同的人群，提出具体的实施策略。其一，社会诚信建设要立足于社会主义初级阶段这个最大的实际。"三贴近"就是"深入到火热的现实生活中去，深入到社会经济、政治、文化生活和人们群众的日常生活去，反映客观现实，把握社会主流，解决具体矛盾，更好地融入生活、服务生活、引导生活"①。我国当前社会主义初级阶段的物质文化生产相对滞后是社会诚信缺失发生的经济社会根源。只有立足于我国当前最大的实际，才能清醒地认识到诚信道德和制度建设的规律，才能找到解决的办法和途径。其二，社会诚信建设要针对不同的人群来进行。社会诚信是一个系统的道德体系，针对不

---

① 李长春：《从"三贴近"入手 改进和加强宣传思想工作》，《求是》2003 年第 5 期。

同领域的人群，有重点、有步骤地进行建设。政务诚信针对的是政务从业人员，对其建设就是要注重政务活动中的公信力，提升其社会的示范效应。商务诚信建设就是要针对从事商务活动的人群，建设过程中要体现商务活动的交往特点，体现商务诚信的互利特性等。社会诚信建设是对那些从事社会公共活动的人群，司法公信是针对司法工作人员等。因此，社会诚信建设需要针对不同的人群，体现不同领域的活动特点，有针对性地进行建设。其三，社会诚信建设还要贴近个体的实际情况。每个人所从事的具体职业活动和所处社会实践状况不同，他们的社会诚信要求和诚信素养也不尽相同。因而社会诚信建设除了进行社会整体的精神文明建设之外，还要针对不同的个体，进行诚信素养的教化和培育，要根据个体实际差异对社会诚信进行建设。

另外，社会诚信建设的"人本原则"还要避免用经济指标来衡量诚信建设效度的"物本主义"和以抽象人为出发点的"人道主义"的错误。"物本主义"把物质数量的增减和财富的多少作为衡量社会诚信的存在价值和建设意义。社会诚信建设应该具有社会和个人双重价值，蕴含物质和精神双重意义。任何偏颇的单一的衡量标准都是有问题的。"人道主义"把抽象的人作为出发点，不能把人放在感性的实践活动中来看待，它会影响到社会诚信建设只从抽象的人出发，而不考虑人的具体的历史的环境，使社会诚信建设空洞无物。

二、坚持以社会主义核心价值体系为导向的原则

社会诚信建设要坚持社会主义核心价值体系的导向原则。任何社会诚信都是该社会核心价值观的具体表现。社会主义核心价值体系是建立在我国社会主义经济基础之上的，是社会整体利益的精神表达方式，是社会主义意识形态的本质。因此，它是社会诚信建设必须坚持的指导思想。

社会主义核心价值观是我国社会主义意识形态的本质体现，它具

有真理性和价值性的有机统一，为我国社会诚信建设提供了方向指导。从真理性角度看，社会主义核心价值观是以马克思主义理论为指导的，合乎我国社会主义意识形态建设的必然要求，是我国社会意识形态建设的科学理论。马克思主义理论是社会主义核心价值体系的理论基础，是我国意识形态建设的基本立场、观点和方法。它决定了社会主义核心价值观的性质和方向，保证了社会主义核心价值观的科学性。社会主义核心价值观分别从国家、社会和个人三个维度，揭示了社会主义的基本价值目标、价值取向和价值准则，三者构成了价值观念的完整系统。它内在逻辑结构的完整性，也证明了其自身的科学性。从价值性角度看，社会主义核心价值观符合社会的需要和人民的根本利益，体现了我国意识形态建设的先进性。社会主义核心价值观是中国特色社会主义建设中社会成员的共同价值理想，引导全体社会成员形成"利益认同共识、秩序认同共识、政治认同共识和共同理想目标认同共识"①，为国家富强、民族振兴、人民幸福和社会和谐凝聚力量。因此，正是社会主义核心价值观的真理性和价值性的高度统一，它才能够成为社会诚信建设的价值向导。

社会诚信建设从根本上说，就是社会的诚信精神建构和个体的诚信行为养成的实践活动。社会主义核心价值观对社会诚信建设的向导作用就是用社会意识形态引导社会成员逐步形成符合社会诚信所需要的价值取向的过程。社会主义核心价值观体现了社会诚信建设中导向价值的本质。"统治阶级的思想在每一时代都是占统治地位的思想"②，不同社会意识形态的统治者要维护自身阶级的统治，就必须维护其思想的绝对统治。尽管在公共社会领域，社会诚信更多地以社会公德的方式表现出来，但其本质仍然离不开意识形态的核心规定。社会主义核心价值观的导向作用就是要把社会诚信精神建设和个体诚信素养培

---

① 韩震：《社会主义核心价值体系研究》，人民出版社 2007 年版，第 270 页。
② 《马克思恩格斯选集》第 1 卷，人民出版社 1995 年版，第 98 页。

育有机结合起来，使社会价值体系转化为个体价值观。"价值观是人们关于价值的基本原则、基本标准的观念，其中社会价值本位、人生理想、社会秩序的观念，人与人关系以及人与物关系的观念构成了它的核心内容。"① 一般来说，价值观会直接受到外部信息性质和信息量大小的直接影响。正面的积极的信息引导，可以促使个体形成坚定的科学性的价值观念。在社会诚信建设的过程中，要自觉树立社会主义、集体主义等价值取向，用社会主义核心价值观来指导和统率社会诚信建设的各个环节。

在社会诚信建设过程中，坚持以社会主义核心价值体系为导向的原则就是用先进的理论说服人。"理论只要说服人，就能掌握群众；而理论只要彻底，就能说服人。"② 社会诚信建设必须依靠"彻底"理论的指导，即马克思主义理论、毛泽东思想和中国特色社会主义理论体系，它们体现了社会诚信建设的思想灵魂，是诚信体系中"正义"的表现。其一，巩固马克思主义的指导地位，用马克思主义中国化的最新成果武装人们，是进行社会诚信建设的思想前提。马克思主义是人们认识和改造世界的世界观和方法论，引导人们用马克思主义的立场、观点和方法来分析当前中国。坚持马克思主义就是要坚持中国特色社会主义理论体系，坚持用中国特色社会主义理论体系教育和武装人们，为社会诚信建设提供科学的世界观和方法论。其二，引导人们树立中国特色社会主义的共同理想，教育人们要正确地认识中国社会发展的规律和前途命运，坚定对中国共产党的信任，坚定走中国特色社会主义道路的信念，坚定实现中华民族伟大复兴的信心。从总体目标上为社会诚信建设提供信念支撑。其三，用中国精神鼓舞人们的斗志，是社会诚信建设的精神动力。鼓励人们继承以爱国主义为核心的民族精神，弘扬以改革创新为核心的时代精神，自觉投身到改革创新

---

① 马俊峰：《评价活动论》，中国人民大学出版社 1995 年版，第 354 页。
② 《马克思恩格斯文集》第 1 卷，人民出版社 2009 年版，第 11 页。

的伟大实践中，做忠诚的爱国者。其四，鼓励民众自觉践行社会主义荣辱观。在思想上，是非、善恶、美丑的界限绝对不能混淆，"坚持什么、反对什么，倡导什么、抵制什么"必须旗帜鲜明，通过践行社会主义荣辱观，使人们能够分清荣辱，明辨是非，自觉按照社会主义诚信规范约束自身的言行。

三、坚持诚信教育与实践活动相结合的原则

进行社会诚信建设，不仅是社会层面的诚信文化的建设过程，还是个体层面的诚信素质的培育过程。因此，必须坚持诚信教育和诚信实践活动相结合的原则。其中，诚信教育是社会诚信建设的思想基础，它为诚信实践活动提供了认知条件；诚信实践是诚信建设的重要载体，它为诚信教育提供了有效方法。

诚信教育是对人们有目的、有计划、有组织地施加影响，使人们形成诚信认知、诚信情感、诚信意志和诚信行为的过程。正如列宁所说："工人本来也不可能有社会民主主义的意识。这种意识只能从外面灌输进去，各国的历史都证明：工人阶级单靠自己本身的力量，只能形成工联主义的意识，即确信必须结成工会，必须同厂主斗争，必须向政府争取颁布对工人是必要的某些法律，如此等等。"[①] 从方法论意义上看，科学的理论不能在民众中自发产生。它是先进分子的思维结果，只有通过教育才能使人们形成科学的思想。因此，诚信理论作为处理诚信问题的科学经验总结，也是需要教育才能完成的。诚信理论是无法在大众中自发产生的，他们的诚信意识大致上可分为错误和自发两个层次，错误的诚信观念是人们歪曲反映生存生活交往方式的思想观念，自发的诚信观念是在自我经验的基础上形成的，是零散的、自发的诚信意识，需要对其进行系统的教育和引导。教育过程

---

① 《列宁专题文集·论无产阶级政党》，人民出版社 2009 年版，第 76 页。

中，需要把握大众诚信意识形成、发展特点和诚信理论的接受规律。接受论认为，接受活动受到接受的动力系统、图式系统和调控系统三个功能性系统的制约。其中，需求和偏好是接受活动的动力，决定着接受活动的产生和发展；已有知识架构对客观信息起着选择和整合的作用，直接影响着接受的质量；情感和意志则有效地调控着接受活动的顺利进行。[①] 因此，进行诚信教育就是要了解教育对象的客观需要，帮助其建立广泛而合理的诚信需求体系，引导他们建立符合社会进步和个体发展的思想构架，培育他们形成稳定的情绪、良好的心境、高尚的情操和坚强的意志。此外，还要因人因地而异，整合和利用一切可利用的诚信教育资源，选择和创设合理的接受情境。所以，诚信教育就是要按照诚信品德和情感的发展规律，选择和优化诚信教育资源，创设符合人们诚信品质发展规律和发展阶段的情境，提升诚信素养，养成诚信行为。

诚信实践，是通过有目的、有意识、有组织地开展各种类型的实践活动，使人们在实践活动中受到教育，从而提升自身的诚信意识和诚信素养。把诚信教育内容有机地融入到各种活动中，并组织群众积极地参与这些活动，使他们在活动过程中，接受潜移默化的影响，学会自我鉴别和比较，通过诚信道德情景的判断，提升自身的诚信素养，从而达到诚信教育的目的。诚信实践活动除了具有蕴含诚信理论的科学性和思想性之外，还具有活动自身的趣味性和娱乐性，如社会服务活动、社会调查活动、参观访问活动、群众性精神文明创建活动等。这些活动方式具有形式活泼、内容生动、贴近生活等特点，在诚信教育中能够发挥较强的吸引力和感染力。用实践活动进行诚信教育是党的优良传统，它是群众性精神文明活动的一种方式。以 20 世纪 80 年代初的"文明礼貌月"和"五讲四美三热爱"开始，经过三十多年的发展，已经形成了一系列形式多样的活动方式。如对英雄模范人

---

① 王敏：《思想政治教育接受论》，湖北人民出版社 2002 年版，第 48—120 页。

物的学习活动、志愿者服务活动、青年文明号、创建文明城市、文明村镇、文明行业等,在诚信教育中发挥着重要的作用。其一,诚信实践是诚信教育的重要载体,也是提升诚信教育效果的必然要求。诚信素质是一个从诚信认知开始,经历了诚信情感、诚信意志、诚信信念,才能养成诚信行为的过程,这个诚信素养的形成规律,就决定了诚信素质的落脚点是诚信行为,它也只有在诚信实践活动中才能够养成。通过诚信实践活动,可以使诚信教育在潜移默化中进行,实现诚信客观精神的主体化,完成诚信教育的目标。其二,诚信实践的本质是群众的自我教育和自我提升。通过群众实践活动,把社会诚信蕴含其中,转化为一种简洁明快的群众语言,具体化为群众的日常行为准则。从大处着眼,从小处着手。启发群众,使他们参与到社会诚信的建设中来。因此,创建贴近群众、植根于群众的诚信实践活动形式,提高活动的群众基础和群众参与度,是实现群众自我教育和自我提升的重要方式。其三,切实发挥诚信实践的作用,提升其诚信教育的有效性。把诚信教育放在重要的位置,增强各种社会实践的诚信教育意义;精心设计群众实践活动,把诚信教育内容寓于生动的活动形式之中。同时,加强对各种实践活动进行引导和指导,明确各种活动的目的性,避免走过场,提升各种活动的针对性,避免形式主义。

四、坚持社会诚信文化建设与社会主义道德建设相结合的原则

社会主义道德是在社会主义公有制为主体的经济基础上,在马克思主义世界观的指导下,无产阶级自觉培养起来的道德体系。它代表的是广大人民根本利益和长远利益的先进道德体系。社会主义道德的核心是为人民服务,基本原则是集体主义,建设重点是诚实守信,主要内容是社会主义公民基本道德规范。因此,以诚实守信为核心的社会诚信文化,不仅是社会主义道德的重要组成部分,还是道德建设的重点。进行社会诚信建设,必须坚持社会诚信文化建设和社会主义道

德建设相结合的原则。

　　社会诚信文化建设和社会主义道德建设相结合的原则是由社会诚信在社会主义道德体系中的地位和作用决定的。社会主义道德体系反映的是它在不同层次、不同方面表现出来的行为规范，而诚实守信则蕴含于这个体系的各个层次和各个方面。一方面，从社会主义道德内容体系来看，诚信文化内含于政治道德、商业道德、家庭道德、职业道德和司法道德之中。政治道德领域，公务机构和公务人员只有具备言必信、行必果的基本规范，才能提升其政治公信力，这也是政治诚信的基本表现。商业道德领域，商品的流通和交易需要真诚无欺，才能够良性循环，这是诚信文化在商业道德中的体现。家庭道德领域，夫妻之间需要真诚相对，其他家庭关系之间要彼此信任，才能营造和谐的家庭氛围。社会行业道德中，诚实守信是职业道德基本体现，也是达到职业权利和职业义务均衡的必然要求。司法领域，司法机关需要公正司法，才能保证其公信力的实现。这些具体的诚信规范有机结合在一起，构成了我国的诚信文化，它们也是社会主义道德主要体现。另一方面，从社会主义道德层次体系来看，诚信文化贯穿于从低到高的三个道德层次之中。处于第一层次或基础层次的是社会公德、职业道德和家庭美德，它们是社会主义道德最简单、最一般的道德要求。这个层次中，诚信文化体现得最为明确，它体现了诚信在社会公共领域、职业交往领域和家庭生活领域的重要作用，成为处理人与人、人与社会和人与自然之间关系的行为规范，也是处理以职业为核心的职业交往和以亲情为核心家庭关系的基本准则。处于它们之上的部分，是涉及"价值"标准的社会主义道德的核心部分，即以爱祖国、爱人民、爱劳动、爱科学、爱社会主义为主要内容的社会主义规范，以及处于最高层次的共产主义道德规范。这些道德规范的核心内容，表现为社会主义核心价值体系。这些涉及的不仅是诚与信的认知行为关系，更重要的是，它体现了诚信与维护社会公平正义的关系。社会主义核心价值体系是社会主义道德建设的核心，也是社会诚信文化的核心价值规定。因此，进行社会诚信建设，需要在坚持社会主义核心价值体系的指导下，把社会诚信文化建设和社会主义道德建设有机结合起来。

　　坚持社会诚信文化建设与社会主义道德建设相结合，就是要在社会道德体系中，发展社会诚信文化。社会诚信文化就是要净化社会风气，形成崇尚诚信的文化风貌，具体体现在思想观念、行为规范和社会风俗等方面。其一，形成崇尚诚信的思想观念。一方面，完善诚信行为的导向意识。在明确诚信文化行为导向的基础上，通过社会文化约束以及由此形成的社会舆论对个体行为进行善恶评价，引导和鼓励人们形成追求诚信的社会风尚。另一方面，形成失信行为必受惩戒的观念意识。在利益层面，使诚信者比失信者可以获得更多的荣誉和利益，可以使人在利弊的权衡之间，形成追求诚信、杜绝失信的惩戒意识。此外，还要完善对失信的监督意识。采取各种行之有效的措施，如建立健全公示、申诉与听证制度和举报奖励方式对失信行为进行监督，积极营造"以诚实守信为荣"的社会氛围。其二，健全崇尚诚信的行为规范。行为规范是以成文的形式规定的、被社会认可的道德标准和行为规则，不同的行业或者部门都有具体的行为规范，如市民公约、乡规民约、学生守则等。要完善这些行为准则，使追求诚信成为人们日常工作生活的基本遵循；管理体制和行为规范共同起到了维护生产生活秩序有序运行的作用，管理体制也要形成崇尚诚信的氛围，建立健全有效的激励约束机制，把诚信文化体现在日常管理和生活之中。其三，形成提倡诚信的社会风俗。社会风俗是民族传统文化在民间的生动体现，它反映了民族的文化心理。诚信文化建设就要在重大纪念日、民族传统节日、纪念日、庆典活动等，传播诚信文化意识，鼓励诚信行为方式，谴责失信行为和现象，不断提升人们对诚信文化的认同和遵循。

五、坚持整体推进与重点建设相结合的原则

在社会诚信建设过程中，既要坚持诚信文化的整体推进，又要体现重要领域、重要阶段的重点建设。这既符合辩证唯物主义对立统一规律的理论要求，也体现了我国社会诚信建设的具体实际。

辩证唯物主义认为，任何事物的发展都是由复杂的矛盾群所组成的，既有主要矛盾和非主要矛盾，又有矛盾的主要方面和非主要方面，这个矛盾体系中不同的矛盾以及矛盾的各个方面在事物发展过程中所起的作用是不尽相同的，这体现了事物发展的不均衡性。社会诚信建设也要坚持在不均衡规律的指导下，坚持诚信文化体系的整体推进与诚信特殊领域的重点建设有机结合。一方面，要看到社会诚信建设不仅是社会规范的完善和人们诚信行为的养成，它还涉及思想观念、行为方式、价值理念等不同层次，体现在政治活动、经济商务、司法活动和社会交往等多个领域，是一个复杂的系统体系。另一方面，又要看到社会诚信在不同的地域、领域和发展阶段，其建设的重点也是不同的。既不能把政务诚信的要求，放入社会诚信建设中，也不能用完善的市场诚信规则去衡量欠发达地区。因此，进行社会诚信建设，既要树立全面的发展观，统筹兼顾，善于抓重点和主流；又要反对撇开重点的均衡论。具体来说，社会诚信建设，就是要促进社会诚信的进步与发展。"发展是指前进的变化或进化，反映着事物由一种质态向另一种质态的飞跃，或从一种运动形式中产生另一种运动形式的过程，从总体上概括世界由低级到高级、由简单到复杂、由无序到有序的上升的有方向的运动。"① 在这种社会诚信系统及其要素从一种质态到另一种质态的全面、协调和可持续的发展过程中，实现社会

---

① 林秀林等：《辩证唯物主义和历史唯物主义原理》（第五版），中国人民大学出版社 2004 年版，第 157 页。

诚信客观精神和人的主观精神共同进步。

　　坚持整体推进与重点建设相结合的原则，就是在社会诚信建设过程中，坚持全面、协调和可持续的建设原则。其一，全面的原则。全面建设不是社会诚信的各个矛盾同时得到解决的过程，而是以主要矛盾解决为主线，促进社会诚信系统各个要素的全面发展。社会诚信是一个充满矛盾的运动体系，不仅包括社会诚信内在各个要素之间的矛盾，而且还包括社会诚信与人的诚信思想行为发展之间的矛盾。前者服从于后者，后者决定前者；后者是主要矛盾，在两个矛盾的关系中起决定性作用。一方面，不能把两个矛盾关系同等对待，主要矛盾决定着社会诚信的整个过程，决定着建设的方向和要求。在解决主要矛盾的过程中，会促进社会诚信的发展和要素组合，带动社会诚信建设的全面实现。另一方面，非主要矛盾解决得好，也会促进主要矛盾的解决。社会诚信的全面建设不是各个要素和系统的同时发展，而是以主要矛盾解决为主线的建设过程。其二，协调的原则。社会诚信建设不是某一方面或某一要素的孤立运动，而是各个要素相互联系而整体推进的。社会诚信是由各个要素按照不同的比例关系、作用方式和排列秩序组成的结构系统，各个要素比例关系恰当与否、作用方式正确与否和排列秩序合理与否直接决定着结构的科学性，从而影响到功能的发挥。所以，社会诚信建设应该按照各个子系统和要素协调的发展的原则进行。当然，协调发展不是同步发展，而是一个由平衡到不平衡，再到平衡的辩证运动过程。其三，可持续的原则。社会诚信建设要保证完善诚信规范同时，促进人的诚信意识的可持续。社会诚信建设既要尊重"诚信"这种社会客观精神的发展规律，又要服从和服务于人的诚信意识和行为的培育规律。所以，只有按照社会文化建设规律来对社会诚信进行改造，才能保证人的发展和社会进步。社会诚信建设要按照人的诚信意识发展变化和社会诚信发展变化两个规律来进行，任何一方都不能偏废。

六、坚持倡树诚信典型与惩戒失信行为相结合的原则

倡树诚信典型，就是用发挥诚信榜样的示范作用，用诚信典型引领社会诚信风尚，它在社会诚信建设中具有重要的导向作用。惩戒失信行为，是对诚信缺失的不道德行为进行惩罚，以达到引以为戒的目的，在社会诚信建设中发挥了警示作用。因此，社会诚信建设既要从正方向进行引导，也要从反方向进行警示，需要把两者有机结合起来。

倡树诚信典型，就是倡导和树立诚信模范表率作用。诚信模范可以把诚信道德规范具体化、人格化、生动化，提升诚信教育的吸引力、说服力和感染力。班杜拉的社会学习理论认为人的行为主要是受到个人认知、行为与环境因素三者之间的交互作用的影响而形成的。大致有两种情况，一种是通过直接经验获得行为反应模式，即"通过反应的结果所进行的学习"；另一种是通过示范者行为而进行习得的过程，即"通过示范进行学习"。因此，诚信典型就是供人们进行习得诚信行为的示范者，为人们的诚信行为提供一系列的外在环境因素，引导人们真正理解并接受某种具体行为或一系列行为所具有的"正"的社会诚信价值，并亲自体验其意义，进而形成良好的行为习惯的过程。树立先进的诚信典型，不仅包括某一领域的诚信榜样作用（比如，诚信典型的表彰，其实质就是赋予并彰显这种具体行为"正"的社会价值），还包括行为方式的系列组合，这种组合是把社会所期望的优秀道德品质赋予某个典型，以此来引领社会诚信风尚。具体来说，诚信典型的倡导和树立必须注意三个方面，一是诚信典型必须真实可信，任何诚信榜样都要是具体的、真实的人，不可用抽象的或者臆想中的"人"进行宣传，那些高大全的形象，往往不如真实的人物具有感染力；二是诚信典型要尽量贴近大众生活，善于在群众生活中寻找和树立诚信典型，可以使人把学习诚信榜样与日常生活联系起

来；三是引导群众对诚信典型进行讨论、学习和效仿。此外，诚信教育者或者诚信活动推广者的自身行为也会具有直接的影响力，人们"接受活动的成功与否很大程度在于教育者受到接受者的信任、服膺以及仿效，在某种意义上，人们对价值和思想的信任程度取决于宣讲这些东西的人对其执行的程度"①，因此，诚信教育者必须言行一致，以身作则，起模范带头作用。

惩戒失信行为，就是惩罚失信行为，以达到引以为戒的目的。2014年1月15日，李克强主持召开国务院常务会议，提出提高失信成本，让失信者寸步难行。要加快建设社会信用体系、构筑诚实守信的经济社会环境，抑制不诚信行为，对鼓励创业就业、刺激消费、保障和改善民生、促进社会文明进步，也极其重要、势在必行。但目前信用缺失仍是我国发展中突出的"软肋"。制假售假、商业欺诈、逃债骗贷、学术不端等屡见不鲜，广大企业和公众深受其害。必须采取有力措施，切实改善社会信用状况。② 其一，惩戒失信是基于人的功利计算而形成。惩戒失信行为，不是基于"善"的标准而进行的价值导向，而是基于"利害"的功利关系而实施的自我约束。一般认为，坑蒙拐骗偷等失信行为是因为它们可以带来好处，而成本相对较低。衡量失信的成本与收益是诚信行为能否发生的重要因素。如果失信的成本远远大于其收益，这样人们往往会选择诚实守信；反之，如果失信可以获得较大的收益，就会选择坑蒙拐骗偷等。当然，成本的计算过程中，除了现实利益关系之外，还有被揭穿的名誉损失。因此，惩戒失信行为就是使失信者不仅在利益方面，而且在名誉方面受到极大的损失。其二，惩戒失信需要系统的法制作支撑。如果说倡树诚信典型是一种"柔性"的道德导向的话，惩戒失信则必须在"刚性"的约束机制中才能实现。它不再依靠"良心"的向善力量，而完全借助于

---

① 王敏：《思想政治教育接受论》，湖北人民出版社2002年版，第126页。

② 李克强：《提高失信成本，让失信者寸步难行》，新华网，2014年1月15日，见http://news.xinhuanet.com/2014-01/15/c_118985460.htm。

利益得失的计算。因此，惩戒失信必须有相应的法律制度作为支撑。如当前在经济生活领域的"征信体系建设"，就是一种由与征信活动有关的法律规章、组织机构、市场管理、文化建设、宣传教育等共同构成的一个体系。完善的征信体系，可以有效地参与借贷市场、商品交易市场和劳动力市场等具体的经济活动，使具有失信行为和不良记录者无处可逃。当然，在其他领域，也需要逐步建立和完善相应的法律制度体系。其三，警示教育也是惩戒失信的重要措施。警示就是通过负面的示范作用，已到达引以为戒的目的。警示教育就是通过把失信行为者在经济社会中付出的惨重代价，进行展示和再现，以警示其他人不要做出类似的事情，从而达到教育的目的。

总之，在社会诚信建设过程中，既要发挥榜样示范的向善力量，也要依靠法律制度的支撑。倡树诚信典型和惩戒失信行为相结合的原则，就是从"正""反"两个维度，为社会诚信建设提供重要方法论指导。

第二节　社会主义核心价值体系引领社会诚信建设的主要任务

用社会主义核心价值体系引领社会诚信建设，是一个具体的实践过程。它的主要任务是培养社会成员正确的人生观和价值观，培育以"诚信为荣、失信为耻"为核心的社会诚信观，构建以社会主义核心价值体系为引领的社会诚信制度体系，营造诚实守信的社会文化氛围，并以社会诚信文化建设为载体推进社会主义道德文化建设。

一、培养社会成员正确的人生观和价值观

社会诚信建设，不仅是社会客观精神的重塑，更是对人的主观世界的有效改造和不断提升。人的诚信素养不仅是道德素养的重要组成

部分，也是社会成员人生观和价值观的具体体现。因此，进行社会诚信教育，就是要培养社会成员的正确的人生观和价值观。

　　社会成员个体诚信修养是社会诚信建设的重要内容，它是科学人生观形成的德性基础。人生观是人们对于人生目的和意义的根本看法，它是人在实践活动中形成的指向自身终极意义的主观反思，决定着人生活动的目的、人生道路的方向和人生价值的实现等。其中，人生目的决定着人生态度和人生价值，是人生观的核心。人生观是一定历史时期，具体的社会生产力和生产关系的产物，不同时代的不同阶级由于自身所处的社会地位和阶级利益的不同，以及他们个人的人生经历和生活境遇的差别，对人生的目的和意义的看法也会有所不同，甚至截然相反。因此，从根本上来说，人生观所涉及的是个人发展和社会进步之间的根本关系，即公与私的关系。其中，诚信素养是人与人、人与社会的和谐统一，它作为人生观的基本道德标示，是科学人生观形成的基础，即"利己"与"利他"的高度统一。阶级社会中人生观是建立在一个阶级占有另一个阶级劳动产品的剥削基础上的，它总是把自身的阶级意志说成总体社会的国家意志。同时，建构了一套明显带有欺骗性质的维护自身的统治的人生价值体系，如"享乐主义人生观""禁欲主义人生观""厌世主义人生观"等。这些人生观都是建立在阶级欺骗的基础之上，缺乏必要社会正义的价值基础。只有进入了社会主义社会，才把个人与社会真正统一起来。这种建立在全体正义基础上的社会制度，从本源上体现了诚信的道义标准。也正是这种真正意义的社会诚信，对其进行建设，才可能使社会成员具备了形成科学的人生观的社会条件。社会成员的个体诚信修养，就是要实现个人价值和社会发展的统一，通过对社会的责任和贡献来衡量人生价值的大小。因此，只有在社会主义社会，社会诚信建设才具有培养人们正确人生观的可能性和可行性。

　　诚信素养也是个人价值观的具体表现。价值观是价值主体对于客体存在意义和重要性的总体看法，既包括对于某一事物的价值取向和追求，也包括衡量事物有无价值的价值尺度和准则。如果价值主体作为某一社会形态，就形成了社会价值观。如果价值主体是个体，就形成了个人价值观。一方面，社会价值观决定和制约着个人价值观的形成和发展，另一方面，社会价值观又是个人价值观的凝练和升华。当下，我们形成了以"三个倡导"为主要内容的社会主义核心价值观，它既是现阶段中华民族共同的价值取向和追求，又是衡量经济社会发展的价值标准。其中，"诚信"是它在公民个人维度上的主要价值标准。因此，进行社会诚信建设，就是要把作为客观精神的社会核心价值观，内化为个体的价值观念和行为准则。在这个意义上，社会诚信建设的过程就是社会成员诚信价值观念和诚信行为的形成过程。一方面，用科学的价值观念对社会成员进行教育和引导；另一方面，提升自身价值观培育的理性自觉。社会成员科学价值观的培育就是促使他们能够自觉认同核心价值观的诚信目标，对诚信作出正确的判断，自觉调节和处理各种诚信行为关系，并在实践中不断完善自身的诚信修养，提升自身的精神境界。因此，培育社会成员科学的价值观也是社会诚信建设的重要任务。

二、培育以"诚信为荣、失信为耻"为核心的社会诚信观

诚信观是处在特定社会交往中的人们，在处理人与人、人与社会、人与自然的实践活动中形成的，是关于诚信现象、诚信问题和诚信理论的基本观点和看法。一方面，诚信观表现为交往过程中的诚信价值取向和价值追求，凝结为以诚信为核心的价值目标；另一方面，诚信观还表现为把诚信作为衡量外在交往的价值评判标准。诚信观是在一定历史时期的特定实践活动中形成的，每个社会都具有得到社会大多数成员共同认可的社会诚信观。在中国特色社会主义的建设过程中，形成了自己的核心社会诚信观。因此，进行社会诚信建设也就是培育社会诚信观的实践活动。不仅要树立以"诚信为荣、失信为耻"

为核心的社会诚信观，还要培育社会成员对其进行认同和践行。

从社会客观精神上看，只有坚持科学的社会诚信观的主导地位，才能形成以"诚信为荣、失信为耻"为核心的社会诚信观。"所谓主，指事物的主体部分，或者说是事物的主要矛盾或矛盾的主要方面。所谓导，是指疏通引导、启发开发、教习传导以及选择、导向的意思。""所谓主导，就是引导、选择的主要方向、方面及重点。"①科学的社会诚信观是在特定的社会交往中形成的道德观念，它不同于具有强制约束力的法律规范，对人的影响只有通过引导和说服的方式才能够实现。用以"诚信为荣、失信为耻"为核心的社会诚信观批判各种不诚信的理论、观念和看法，引导人们形成科学的诚信观。用科学的诚信观引领和批判各种错误的不诚信理论和观点，形成"诚信为荣、失信为耻"的社会诚信认同。当前，尚存在诸多的错位的诚信观念和看法，当前社会上还有"骗到所有人就是成功"的言论和看法，把"忽悠"当作能力，把"欺骗"当作本事，甚至把诚实守信赋予了道德的负面价值，看成是"老实"的表现。此外，还有人把诚信划出了"界限"，认为诚信只是对自己的人，而不是对所有人。于是，形成了有些部分和单位的"集体造假"，形成了大家心照不宣的"潜规则"等。因此，培育以"诚信为荣、失信为耻"为核心的社会诚信观，就是让"诚实守信"的价值观念成为衡量社会交往的主要标准，让"诚信为荣"成为主流的价值观念。

从个体主观精神上看，只有发挥社会成员的诚信修养的主体性，才能形成以"诚信为荣、失信为耻"为核心的社会诚信观。每个人的诚信观念都会随着实践活动的发展，经历一个自发到自觉的发展过程。社会诚信建设就是用社会主义核心价值观引导社会成员的自发的诚信观念，形成对诚信的理性认知，培育对诚信的积极情感体验，把诚信作为基本的价值理念贯穿在个体的思想意识中。以"诚信为荣、

---

①　郑永廷：《现代思想道德教育理论与方法》，广东高等教育出版社 2000 年版，第 110—111 页。

失信为耻"为核心的社会诚信观的培育对象是社会成员，要发挥他们的诚信修养的主体性。只有形成"向善"的自觉和追求，才有可能真正地认同和接受社会诚信观。首先，要引导他们自觉认同"诚信为荣"和"失信为耻"的价值标准，对社会诚信观作出自觉判断，并把其作为自身的行为规范，在实践交往中完善自身的诚信意识和观念。其次，在"诚信为荣"社会诚信观的培育活动过程中，需要把培育主体和培育对象等各个参与要素的生活阅历、文化背景、价值判断和思维方式等有机整合起来，才能到达最终的培育效果。再次，个体形成崇尚诚信的观念意识和行为习惯，是社会诚信观培育的落脚点。社会诚信建设的好与坏、成功与失败的判断标准是公民的诚信思想和行为。因此，培育"诚信为荣"的社会诚信观要立足于社会成员，针对个体的性别年龄、个性特征、心理生理、思维方式和价值取向等，有效地展开诚信培育活动，才能提高培育的有效性。

所以，进行社会诚信建设的过程，是坚持科学社会诚信观的主导性和发挥社会成员的诚信修养主体性相统一的过程。科学社会诚信观的主导性体现了社会诚信建设过程中的引领性和导向性，规定了社会诚信建设的发展方向。社会成员的诚信修养的主体性体现了社会诚信建设的主体能动性，展示了社会诚信建设的内在动力。主导性是对主体及其活动的导向，主体性是对主导及其方向的保证，两者有机结合在社会诚信建设的具体实践活动中。

三、构建以社会主义核心价值体系为引领的社会诚信制度体系

社会诚信制度是对社会成员的诚信行为进行约束的规程、准则和规范的总称，它是以制度的形式在社会成员诚信活动中的具体体现。社会诚信制度体系是具体的社会诚信制度相互关联、相互作用而形成的规范系统，体现了诚信道德的制度化和规范化。构建以社会主义核心价值体系为引领的社会诚信制度体系，就是用社会主义核心价值体

系作为核心价值观念，规范社会诚信制度体系的构建和运行，它是社会诚信建设的应有之义和内在要求。

社会诚信制度体系不仅是具有直接规范性的诚信规程、诚信准则和诚信规范体系，还内含有抽象指导意义的价值导向。社会诚信的制度化源于作为道德范畴的诚信，又肩负着对诚信道德的具体化和实践化。"从绝对道德到道德相对主义、工具道德论甚至人文精神进行深刻反思，我们终于发现诚信的本体是基于现代信用制度的人道的文化秩序。"[1] 诚信在关乎现实利益的活动中，它将无法在纯粹的绝对的道德领域获得实现，于是，天然地便和规范与制度结合在一起，用制度形式倡导人的诚信行为，用规范形式约束人的失信行为。社会诚信制度体系具有指引导向、评价纠偏和教育弘扬等作用。一是指引导向作用。社会诚信制度为社会成员提供了一种特定的行为模式，规定了他们只能在诚信制度规定的范围内活动，通过授权性规范、禁止性规范和义务性规范引导社会成员合法地参与社会生活。二是评价纠偏作用。社会诚信制度具有评价人的行为是否符合规范的作用，通过对符合诚信规范行为的认可和对失信行为的惩罚，从而达到对评价人的行为是否合法，进而起到纠正那些偏离社会规范的行为。三是教育弘扬作用。通过对诚信制度规范的了解学习，起到了正面教育的效果；通过对违法行为的制裁，使失信者和一般社会成员受到相应的惩罚；通过对先进人物、模范行为的倡导和鼓励，为社会成员树立法律上的行为楷模。因此，社会诚信制度对于诚信道德建设具有重要的意义。然而，在进行诚信制度规范建设过程中，不同的社会形态和发展阶段都内含有特定的价值观念和价值取向，这是社会诚信制度建构所不能忽略的。现阶段的社会诚信制度建设须以社会主义核心价值观为引领，因为社会主义核心价值观为社会诚信制度建设提供了价值准则和道义基础。社会主义核心价值观的价值标准，是社会诚信制度正义性和合

---

[1]　邹建平：《诚信论》，天津人民出版社 2005 年版，第 1 页。

法性的基础，它所提倡的价值观念，对社会诚信制度的制定和实施有着重要促进作用。此外，社会主义核心价值观所倡导的法治精神，能够促进社会成员自觉遵循诚信制度、维护诚信制度权威，弥补诚信制度在调整社会成员交往关系中的缺陷和不足，两者共同构成了维护社会秩序的基础。

构建以社会主义核心价值观为引领的社会诚信制度体系，具体来说，就是要把社会主义核心价值观贯穿于社会诚信实体制度体系和社会诚信程序制度体系建设的全过程。社会诚信实体制度体系是规定主体之间权利义务关系的制度规范，它可以为理论语言所描述、为逻辑推演所阐释、为实践活动所证实，是实体性存在的诚信规范体系。此外，社会诚信制度还需要在具体的程序中运行，才能起到应有的规范效果，这就是社会诚信程序制度体系。一方面，把社会主义核心价值体系贯穿到社会诚信实体规范体系中，用社会主义核心价值观引领政务诚信制度建设、商务诚信制度建设、社会诚信制度建设和司法公信制度建设。政务诚信制度建设和司法公信制度建设是与政治活动、司法活动相关的认知、态度和行为相关的规范制度，它是以行政行为和司法行为诚信制度为核心，还涉及社会成员的政治和法律等一系列行为诚信制度，对其建设就是要保证其立党为公、执法为民的政治本色。用社会主义核心价值观对政务诚信制度和司法公信制度进行引领，就是从根本上保证政治活动的人民性。用社会主义核心价值观对商务诚信制度和社会诚信制度进行引领，就是保证经济活动和社会公共生活的诚信规范，维护市场经济交往和公共活动的法治与公平。另一方面，把社会主义核心价值观贯穿到社会诚信的程序规范体系中，就是用社会主义核心价值观引领社会诚信制度运行的各个环节，如诚信评价制度、诚信信息采集记载制度、失信行为与处罚制度、诚信档案管理制度等。总之，社会诚信建设就需要构建以社会主义核心价值观为引领的社会诚信制度体系，社会诚信制度体系的完善程度也是衡量社会诚信建设效果的重要指标，是社会诚信建设的重要内容。

四、营造诚实守信的社会文化氛围

"一切思想文化阵地、一切精神文化产品，都要宣传科学理论、传播先进文化、塑造美好心灵、弘扬社会正气、倡导科学精神，大力宣传体现时代精神的道德行为和高尚品质，激励人们积极向上，追求真善美，抵制假恶丑，为推动公民道德建设创造良好的文化氛围。"①因此，营造诚实守信的社会文化氛围，也是社会诚信建设的重要任务之一。

营造诚实守信的社会文化氛围是社会诚信建设的重要内容，需要加大精神文化产品开发，培育崇尚诚信交往的文化环境。形成诚实守信的文化氛围，能够潜移默化地影响着人们的思想观念、价值判断、道德情操和行为方式，对于社会诚信建设具有不可替代的独特作用。把诚实守信融入和渗透到精神文化的生产和传播之中，用高水平的文化产品向人们昭示什么是真善美、什么是假恶丑。把内容和形式有机结合起来，使精神文化产品既为群众喜闻乐见，又能反映和体现诚信制度建设的要求，使人们在享受精神消费的过程中，潜移默化地完成道德意识和政治觉悟的提升。崇尚诚信精神文化产品的生产，从创作思想、创作选题等方面都要体现诚信意识。其一，传承中华民族优秀的传统诚信文化。中华民族悠久的历史文化创造了博大精深、丰富灿烂的诚信文明，形成了厚重的诚信传统和璀璨的诚信案例，已经深深地融入民族的血脉之中，构成了民族的文化基因和精神土壤，这无疑为我国精神文化产品的创作提供了丰富的资源，精神文化产品要不断地挖掘和充分地利用这些宝贵的财富。其二，精神文化建设要体现时代性，丰富其时代内涵。当前建设中国特色社会主义的先进文化，就要立足于中国特色社会主义的伟大事业，在改革开放和现代化建设的

---

① 人民日报出版社编：《公民道德建设实施纲要》，人民日报出版社 2002 年版，第 14 页。

实践中汲取营养，创造出文化新的生长点，形成富有时代气息的精神文化产品。其三，精神文化建设要增强兼容性，吸收外来有益文化。"随着经济文化化、文化经济化、经济文化一体化时代的到来，很多发达国家都把文化产业作为支柱产业来扶持和打造、作为软实力来培育和提升，文化输出已经成为其输出价值观、意识形态和影响力的重要手段。"① 目前西方独特的影视技艺和异域的文化风情具有强大的吸引力，剥离这些文化产品的意识形态要素，接受其积极的文化艺术因子，吸纳百家之长，才能吸引更多的群众。

营造诚实守信的社会文化氛围是社会诚信建设的重要内容，还需要强化诚信教育的舆论环境，打造统一的诚信舆论场。"大众传媒，文学艺术以及体育活动，对公民道德建设有着特殊的渗透力和影响力。"② 它是诚信信息传载和诚信价值观念推广的重要途径。大众传媒包括报纸、杂志、电台、电视台、网络载体和手机短信等多种形式，它们具有独特的传载特点。既可以独立传载诚信信息，又可以相互关联和配合，打造统一的诚信舆论场。其一，传统的媒体是营造诚实守信舆论场的主力军。传统媒体是相对于网络和手机而言的其他媒体，具有信息来源可靠、传播量大、受众广等特点，党报、党刊、电台、电视台等代表着国家和社会主流的声音，是人们最可信赖的信息来源，娱乐休闲类的商业化经营的报纸杂志也传递信息，吸引力较大，受众团体固定。一是舆论诚信导向要坚定。新闻媒体的生命线是真实可靠的，特别是党报党刊、电台电视台在我国就代表着国家和政府的声音和意愿，要求必须有求真务实的舆论导向。二是传播信息的真实可靠。无论是主流媒体还是商业报纸，都要把真实还原给大众，虚假新闻、虚假广告无论出于什么样的目的，都会造成大众的诚信怀疑甚至危机。三是开辟表彰诚信事件和道德人物的专栏和节目，形成崇尚

---

① 徐光春：《加快文化建设需要把握的几个问题》，《光明日报》2007 年 12 月 7 日。
② 人民日报出版社编：《公民道德建设实施纲要》，人民日报出版社 2002 年版，第 14 页。

诚信的舆论力量。"全国道德模范"的评选和表彰活动的意义是在全社会在评选的过程中，形成了道德光荣、不道德可耻的氛围。其二，打造诚信的网络文化。一是把握诚信舆论的主导权，宣传诚信知识，传播诚信文化，倡导诚信精神，塑造诚信行为。建立专门的诚信网站，传播诚信的相关知识，在综合性的网站上，开设"诚信政策法规""诚信教育制度论坛""诚信故事""诚信人物"等栏目，让人们参与发表见解等。二是要净化网络环境，倡导诚信上网和网络交往，营造文明健康、积极向上的网络文化氛围。人是网络交往的主体，人与人的直接交往就是通过 QQ、MSN 等聊天工具，间接的交往是通过 BBS 等网络社区的形式进行，由于缺少了现实交往中规范的现实，网络虚拟交往要求号召诚信，加强网络自律。同时，对于发布虚假信息、网络黑客等，要用制度或者法律的形式加以制裁，以便营造一个诚信的网络交往环境。三是加强对网络的管理，综合运用法律、经济和技术等多种手段，对网络进行监管。提倡网络实名，以便及时进行监控。同时，加大网络信息过滤软件的开发，尽量减少垃圾信息和不良信息的进入。其三，营造诚信的拇指文化。拇指文化的载体主要以手机短信的形式存在，尽管它也通过网络传播，但是由于其方便快捷的信息传输方式、简单明了的表达方式、价格低廉的娱乐方式和内敛含蓄的情感交流方式，对人们产生了特殊的影响。诚信的拇指文化要求：提高运营商和创作者的诚信素质，减少商业短信的传播，避免垃圾短信的侵入；人们要塑造良好的诚信道德，提高自我鉴别能力，不相信也不传播虚假短信；对于欺诈短信，政府相关部门要加强监管；各级各类媒体要有机联合，打造统一的诚信舆论场。书籍、报纸、杂志、电台、电视台、网络、手机等各类媒体要以诚信为基本要求，密切配合，打造诚信舆论的全覆盖、媒体的大联动，防止出现由于一部分媒体的不诚信行为会抵消其他媒体努力的效果。另外，要注重媒体产品的诚信传载能力，新闻报道、专题专访、游戏娱乐、体育音乐等都要坚决杜绝弄虚作假的行为，以承载和传播诚信为基本要求，打造强大统一的诚信舆论场。

五、以社会诚信文化建设为载体，推进社会主义道德文化建设

诚信文化是社会主义道德文化的重要组成部分。诚信缺失、人情淡薄已经成为我国的重大道德问题。因此，进行社会诚信建设，需要以社会诚信文化为载体，推进社会主义的道德文化的整体建设。

从微观领域看，推进社会诚信建设，加强社会诚信文化建设，就是要提升人的德性修养，发挥德性修养的人格魅力。"如果感觉、愉快和不愉快可以作为衡量正义、善良、真实的标准，可以作为衡量什么是人生的目的的标准，那么，真正来说，道德学就被取消了，或者说，道德的原则事实上也就成了一个不道德的原则了；——我们相信，如果这样，一切任意妄为将都可以通行无阻。"① 这种把个人"感觉"放在了衡量一切的、至高无上的位置，瓦解了现代性社会秩序中的道德权威，最为重要的终极性的道德价值消失了，人所赖以生存的超越性的整体消失了，导致了道德相对主义的盛行。这种现代性的境遇中，不仅使宗教在劫难逃，一切道德和正义也同样要毁灭，诚信这种美好的德性也不复存在。所以，推进社会诚信建设，需要提升人的精神境界，促进人的文化关系交往的拓展、彰显人的文化的品质，促进人的全面发展。其一，提升人的诚信精神需要的层次。恩格斯根据人的发展程度，把人的需要分为生理需要、享受需要和发展需要。生理需要是最基本的生存性需要，它体现了人与物的区别；享受需要是以生存需要为基础的精神性需要，体现了人与动物的不同；发展需要是一种对现实生活的超越性需要，体现了人与人的差异。而诚信精神需要的层次是基于发展需要而形成的，进行社会诚信建设，就是使人从原本的功利状态，跃迁到德性向善的状态，从人的基本需要推进到

---

① ［德］黑格尔：《哲学史讲演录》（第三卷），商务印书馆1959年版，第73页。

发展的需要。其二，发展人的诚信精神的生产能力。精神生产能力是人在改造主观世界的过程中，把外在诚信精神转化为自身素养的特殊能力。人的诚信素养就是把社会诚信的外在文化内化为自身的主观精神，使人打破各种被"物化"的不诚信状态，促进人的精神生产力的提升。其三，促进人的交往关系的拓展，彰显人的诚信品质。诚信是在物质交往基础上的精神交往方式，它以物质交往为基础，但又超越于物质交往。只有在交往关系中发展人的本质，才能促进诚信素养的提升。

从宏观领域看，推进社会诚信建设，加强社会诚信文化建设，就是要整体推进社会主义道德的秩序规范作用。随着市场经济的发展，人与人之间的经济关系开始逐步成为人们的交往方式的纽带，而相对于中国传统社会的以血缘、地缘为纽带的交往方式，使得中国传统的诚信观念约束相对削弱。市场经济使传统日常社会的中的紧密关系变成了现代社会中的陌生人关系。滕尼斯把建立在家族、村落模式互动基础上的交往方式的叫作共同体社会，把以非人格性的市场互动为基础的交往方式叫作陌生人社会。[①] 费孝通在研究乡土文明时，认为熟人社会是由亲情形成的差序格局，通过人与人之间的关系建立起来的关系网络。它以血缘关系、地缘关系和熟悉关系为纽带而存在的群体，在社会生活中也有其整合社会、维系人际感情、保持社会稳定与协调的积极意义。[②] "在这种形态中，人与人的关系是由血缘、地缘、共同的传统联系起来的依赖关系。人们强调爱、友谊、勇敢、忠诚等品质，拥有一种归属感和依赖感，相互信任度较高。"[③] 随着我国经济社会的发展，使人的生活方式、人际关系、价值观念和道德水平等都发生了变化，传统的伦理道德失去了时代现实土壤，缺乏了关照现实

---

① ［德］斐迪南·滕尼斯：《共同体社会——纯粹社会学的基本概念》，林荣远译，商务印书馆1999年版，第95页。

② 刘少杰：《熟人社会存在合理性》，《人民论坛》2006年第5期。

③ 朱小蔓、金生鈜：《道德教育评论2006》，教育科学出版社2003年版，第91页。

的理论魄力。而在这个时期，新旧经济体制和道德秩序会发生激烈的碰撞和冲突，造成社会道德秩序失衡，而严重的信息不对称、法制不健全、政府监管能力不足、舆论监督不力等因素，又使得失信者难以受到应有的惩罚，或即使受到惩罚，失信者因此而付出的成本远远小于其因失信而得到的收益，失信的成本和收益的不对称性就使得失信从可能转化为现实。因此，推进社会诚信建设，既需要加强社会诚信制度建设，更需要培育社会诚信文化，发挥社会主义道德的规范作用，形成向善的道德力量。

第六章　社会主义核心价值体系引领
社会诚信建设的路径选择

以社会主义核心价值体系引领社会诚信建设是一项长期的、需要不断付诸实践的系统工程，需要不断创新，积极探索出构建社会诚信建设的基本路径。

第一节　深化核心价值体系教育
打牢诚信建设思想基础

2007年6月25日，胡锦涛在中央党校省部级干部进修班的重要讲话中强调，要大力建设社会主义核心价值体系，巩固全党全国人民团结奋斗的共同思想基础。社会主义核心价值体系基本内容包括四个方面，即马克思主义指导思想、中国特色社会主义共同理想、以爱国主义为核心的民族精神、以改革创新为核心的时代精神和社会主义荣辱观。社会主义核心价值体系是社会诚信建设的理论基础和思想基础。马克思主义中国化的最新成果指引着社会诚信建设的方向；中国特色社会主义共同理想共筑着社会诚信建设的思想基础；在弘扬民族精神和时代精神过程中培育着社会诚信精神；在社会主义荣辱观的践行中不断提升着社会诚信品质。

一、坚持以马克思主义为指导，牢牢把握社会诚信建设的方向

社会诚信建设是社会主义核心价值体系建设的重要组成部分，是社会主义文化建设的重要内容。所以，社会诚信建设离不开马克思主义的指导，只有巩固马克思主义指导地位，才能保证社会诚信建设的正确方向。

坚持以马克思主义为指导，牢牢把握社会诚信建设的方向。首先，要以马克思主义为指导，自觉遵守党和国家的路线、方针、政策，在大是大非面前始终能够保持坚定的政治立场。马克思主义思想是社会主义核心价值体系的灵魂，是社会主义现代化建设的理论基础，是我们立党立国的根本指导思想，决定着社会主义核心价值体系的根本性质。马克思主义具有与时俱进的理论品质，坚持马克思主义就是坚持发展着的马克思主义，就是坚持包括邓小平理论、"三个代表"重要思想及科学发展观等重大战略思想在内的科学理论体系。有了坚定的政治立场，就会坚定社会诚信建设的方向。其次，开展马克思主义理论教育，尤其是马克思主义道德观教育、诚信观教育。马克思主义是社会主义道德的理论基础，也是社会诚信建设的理论基础。马克思指出："物质生活的生产方式制约着整个社会生活、政治生活和精神生活的过程。不是人们的意识决定人们的存在，相反，是人们的社会存在决定人们的意识。"① 道德属于社会意识的范畴，诚信又是道德的重要组成部分，社会存在决定社会意识，所以，社会存在决定了包含道德在内的社会意识。在诚信建设的各个环节都始终坚持以马克思主义理论、马克思主义中国化最新理论为指导，认真学习马克思主义中国化的最新理论成果，及时贯彻党在社会诚信建设领域里的最新政策、方针和要求，坚定社会诚信建设的方向。要始终坚持实事求

---

① 《马克思恩格斯选集》第 2 卷，人民出版社 1995 年版，第 32 页。

是思想，诚信建设一定要结合国情、各地实际发展状况而开展，结合各个层次、各个群体的不同情况展开。

二、以中国特色社会主义共同理想共筑社会诚信建设的思想基础

加强社会诚信建设，营造全社会的诚信氛围，是实现共同理想的重要举措或保障。我国改革已进入深水区，进入攻坚克难的阶段。我国社会和经济发展都发生了巨大的变化，在机遇背后是更大的挑战。从整体上看，我国诚信状况是好的，但随着社会生活和客观环境的变化，人的思想也会发生变化，再加上市场经济中因不诚信带来的负面影响，也令一些人忧心忡忡。外来的各种诱惑冲击着一些人的心灵，引发了一些诚信缺失的问题。一些社会成员诚信缺失、道德失范；一些领导干部腐败现象仍然比较严重；一些行业不讲信誉欺诈消费者。这些现象的产生都与理想信念的淡漠和缺失有着十分紧密的关系，一旦发展下去势必会对共同理想的实现产生阻碍作用。

同时，社会诚信建设需要以共同理想为指引，才有目标、有方向。正因为如此，我们要加强共同理想教育和引导。中国特色社会主义共同理想，就是在中国共产党领导下，坚持和发展中国特色社会主义，实现中华民族伟大复兴。这个共同理想，是现阶段实现全面建成小康社会奋斗目标的思想保证，更为诚信建设提供了思想基础。诚信意识、诚信行为、诚信品质关系着能否形成良好的社会风尚，因而诚信建设从某种意义上来说关乎中国特色社会主义和中华民族的前途命运。

因此，以中国特色社会主义共同理想共筑社会诚信建设的思想基础。首先，要通过加强共同理想教育，引导全社会把共同理想化为实现各个阶层、各个群体共同愿望的内在动力，把国家、民族和个人紧密地联系在一起。其次，坚定正确的理想信念，不断地去正确认识和分析社会上新出现的各种矛盾和弊端，形成个人、单位乃至整个国家

都要诚实守信的氛围。凝聚广大人民群众的精神力量、激发广大人民群众参与现代化建设的活力。

三、在弘扬民族精神和时代精神中培育社会诚信精神

爱国主义的民族精神是社会主义核心价值体系的精髓，是一个国家和民族得以生存和发展的精神支撑，是一个国家和民族的生命力、创造力和凝聚力的动力源泉。中国作为世界四大文明古国之一，有着光辉灿烂的历史，在几千年的漫长历史中形成了以爱国主义为核心的民族精神。诚信是中华民族的传统美德，诚实守信、真实不欺，构成了中华民族五千年文明的精华。诚实守信是中国古代重要的道德准则，也是做人的重要行为原则。在中国传统道德中，诚信被看作是"立身之本""举政之本""进德修业之本"。同时，中国历代的商帮及百年老店都十分注意恪守诚信。我国的商家，如晋商与徽商，就是中国古代以诚信经商而成功的势力最大的两股商业力量。他们传承和发扬的是"诚信为本、一诺千金"的优良传统。我国历代都有许多值得尊敬的名医、名师和名艺人等，他们值得尊敬、传为佳话的原因就是对技艺追求的精益求精和视信誉、声誉为生命。

新中国成立后至改革开放三十多年，依靠着以爱国主义为核心的民族精神和以改革创新为核心的时代精神，新中国在各项领域都取得了长足的进步与发展，经济增长也达到了前所未有的高度。经济、政治和文化方面都呈现出一片欣欣向荣的景象，尤其是经济建设取得了举世瞩目的成就。在发展社会主义市场经济、实现伟大中国梦的进程中，更离不开诚信。中国正经历着经济体制深刻变革、利益格局深刻调整和思想观念深刻变化，在这样的大背景考验下，如何去以爱国主义的民族精神和改革创新的时代精神为核心，去培育社会诚信的氛围，就显得尤为重要。市场经济是讲究信用的经济。个人、单位、社会和国家离开了诚信，会引发灾难性的后果。在"礼仪之邦"美誉的

中国，诚信精神是民族精神和时代精神的重要内容。因此，在弘扬以爱国主义为核心的民族精神和以改革创新为核心的时代精神中，要始终贯穿诚信精神的培育、弘扬、践行。在今天实现中国梦，实现中华民族的伟大复兴的进程中，要弘扬以爱国主义为核心的民族精神和以改革创新为核心的时代精神，就必须要在思想上和行为上都要实现理性爱国，理性爱国要有诚信意识和诚信精神。同时，我们讲诚信是要有立场的诚信，需要社会主义核心价值观的引导。

在我国现阶段，在弘扬民族精神和时代精神中培育社会诚信精神，首先，必须对中国的国情有个全面正确的理解，当前中国的国情是仍处于并将长期处于社会主义初级阶段，对于出现的暂时的诚信缺失的现象要有一个客观和全面的认识。其次，我国社会广大成员在弘扬民族精神和时代精神中培育社会诚信精神，就是要求从实际出发，把理性爱国主义情感融入到社会诚信培育中。再次，广大社会成员必须以改革创新的时代精神为核心，根据国内外出现的新情况，坚定爱国主义信念，努力培育社会诚信发展的良好氛围。改革创新的时代精神，是推动一个国家不断发展的不竭动力。社会要进步，离不开创新，社会诚信建设的发展离不开创新，要多管齐下去探索完善社会诚信建设的路径。

四、以践行社会主义荣辱观为切入点提升社会诚信品质

荣辱观是人们对什么是荣誉、什么是耻辱的根本看法和观点，是世界观、人生观和价值观的深刻体现。以"八荣八耻"为主要内容的社会主义荣辱观，是针对当代我国社会和世界局势的深刻变化，总结社会主义革命和建设的经验，根据我国社会改革开放发展和深化的实际，第一次全面地、系统地论述社会主义公民应该遵守的基本思想道德规范，是社会主义核心价值体系的基础。

社会主义荣辱观是按照社会主义意识形态的价值取向对全体社会

主义公民应该树立的荣辱观念的高度概括，具体贯彻到各个社会领域则具有不同的具体形态，正是以社会主义核心价值体系形成社会诚信荣辱观的重要切入点。社会诚信品质包括诚信意识和诚信行为等，在践行社会主义荣辱观中提升诚信意识，内化为诚信品质，外化为诚实守信行为，形成"以诚实守信为荣，以见利忘义为耻"荣辱观。诚，就是忠诚、坦诚、老实；信，就是可信、信用、信誉。诚实就是真实无欺；守信就是重诺言，守信用。诚实守信是在发展社会主义市场经济进程中要大力倡导的，也是做人的一项基本道德准则。在全社会大力倡导践行社会主义荣辱观的同时，要牢牢抓紧这个契机，形成社会诚信的荣辱观。让那些只为眼前利益而弄虚作假的行为自惭形秽，例如：医生为了"与人方便"开假诊断书，学校为了收红包卖假文凭，药店为了获得高利润卖假药。会计为了"迎合"老板做假账，工厂为了"适应"市场需要制售假名牌。这些行为的发生无不和一个"假"字挂钩，"假"的背后是诚实守信的缺乏，是对自身弄虚作假行为的毫无羞耻感的体现。以社会主义荣辱观为切入点，树立社会诚信的荣辱观的关键点就是要在全社会范围内让广大人员认知到诚信道德，使之内化为自身的信念，外化为自身的行为习惯，正确处理眼前利益与长远利益、个人与社会、竞争与合作等方面的关系，在全社会范围内以社会主义荣辱观为切入点，倡导诚实守信，形成社会诚信的荣辱观，使广大社会成员自觉养成符合社会主义道德标准的社会诚信荣辱感。

第二节　深化精神文明创建活动
培育社会诚信良好风尚

　　群众性精神文明创建活动对于社会主义精神文明建设的发展起到了极大的促进作用，同时也对社会诚信的培育起到了促进作用。2011年2月19日，胡锦涛在省部级主要领导干部社会管理及其创新专题研讨班开班式上强调，要深入开展精神文明创建活动，增强社会诚信。习近平强调："各级宣传部门要把社会主义荣辱观教育作为当前群众性精神文明创建活动的主要任务，采用群众喜闻乐见的形式，深入开展丰富多样的宣传教育活动。"① 群众性精神文明创建活动是广大人民群众参与社会主义精神文明建设实践活动的有效途径。改革开放三十多年以来，群众性精神文明创建活动从最初创建到以丰富多样的形式蓬勃发展，彰显出特有的生机与活力，是培育社会诚信风尚不可或缺的有效载体。

一、在社会主义先进文化建设中繁荣发展社会诚信文化

文化是一个非常广泛的概念，广义的文化是人类在社会历史发展过程中所创造的物质财富和精神财富的总和。狭义上的文化则特指意识形态所创造的精神财富，包括宗教、信仰、风俗习惯、道德情操、学术思想、文学艺术、科学技术和各种制度等。文化对于人的影响是多方面的，包括思想观念、知识、技能和道德规范。文化能以一种潜移默化的力量影响人们的思想和行为，进而影响人们的价值观。

诚信文化是体现诚实守信的价值观和行为准则，属于意识形态的范畴。诚信文化一旦形成，便会潜移默化地影响社会成员，使其形成遵守诚实守信的自觉行为。因此，只有让诚信融入文化之中，诚信才会逐步形成约束作用，使社会成员实现诚信文化自觉。社会主义先进文化是以马克思主义为指导，培养有理想、有道德、有文化、有纪律的公民，是面向现代化、面向世界、面向未来的，民族的、科学的、大众的社会主义文化。诚信文化是社会主义先进文化的重要内容，发展诚信文化有利于社会主义先进文化的大发展大繁荣。社会主义先进文化促进社会诚信文化发展，为诚信文化的发展保驾护航。

---

① 习近平：《推进社会主义精神文明建设的重要指导方针》，《人民日报》2006 年 5 月 29 日。

在社会主义先进文化建设中繁荣发展社会诚信文化，首先，要加强对诚信文化的理论研究。中国对"诚信"理论研究较为薄弱。关于诚信在这几年讨论的话题、受关注的程度虽然比以前有所增加，我国关于诚信理论方面的文章虽然在数量上大量存在，但是能够真正形成系统和体系的成果还很少。所以，在发展社会主义市场经济的进程中，在义与利的关系处理上，更需要去加强诚信文化的理论研究。发挥广大人民群众的聪明才智，探索出处于改革深水期加强诚信文化建设的途径，形成诚信文化的理论体系。

其次，要以文化为载体，挖掘并丰富社会诚信的内涵，大力推进诚信文化的社会参与性，动员广大人民群众参与其中。充分利用各种文化资源，增强诚信文化的吸引力和趣味性，以文化节、文化论坛等形式开展各种诚信文化交流活动，扩大诚信文化的传播面；坚持正确的舆论导向，深入进行以"诚信为本"的宣传教育，大力宣传诚信文化，强化诚信意识，树立诚信理念。剖析各种不诚信的社会现象产生的原因，将诚信的内容寓于诚信文化建设之中，搞好社区诚信文化、村镇诚信文化、企业诚信文化、校园诚信文化建设，使诚信的理念进校园、进社区、进军营、进企业和进家庭。

二、深入开展争创"文明诚信公民"活动，增强诚信意识

活动是由共同目的联合起来并完成一定社会职能的动作的总和。人类的活动包括政治、教育、科技、经济和军事等多方面，以活动为载体就是将社会诚信的内容寓于活动当中，有意识地开展除职业活动以外的各项活动，并积极地组织人民群众参与其中，使人们在活动中潜移默化地受到感染与教育，从而提高诚信觉悟。

将社会诚信的内容寓于群众性精神文明创建活动之中，丰富社会诚信的表现形式。从 20 世纪 60 年代，毛泽东为雷锋题词："向雷锋同志学习"，把 3 月 5 日定为"学雷锋纪念日"，至此，每年的 3 月 5 日

都是一个值得铭记以及应该身体力行的日子，在全国范围内号召并组织开展群众参加学雷锋活动。改革开放后，群众性精神文明创建活动才真正发展为有规范的组织形式、有专门的机构和运行机制。1982年，广大人民群众参与到第一个全民文明礼貌月活动中。群众性精神文明创建活动的形式、内容日趋丰富和完善，从20世纪80年代的"五讲四美三热爱"到"讲文明、树新风"。1981年2月25日，全国总工会、共青团中央等九个团体联合倡议开展"五讲四美"活动。1981年8月，共青团中央又提出开展"三热爱"教育活动，"五讲四美三热爱"是中国社会主义精神文明建设的重要内容。从20世纪90年代的文化下乡、科技下乡、卫生下乡的"三下乡"，到2002年1月中央文明办联合文化部等10个部门，在全国开展科教进社区、文体进社区、法律进社区和卫生进社区的"四进社区"；从创建文明城市、文明村镇、文明行业、文明单位到加强和改进未成年人思想道德建设；1995年，中宣部等召开全国精神文明建设经验交流会，举办市委书记精神文明建设研讨班，在创建文明城市的新热潮中，涌现出一大批先进典型的文明城市。文明城市创建活动的深入开展，有力地促进了公平诚信的市场环境发展和完善。

随着社会的发展，通过群众性精神文明创建活动来培育社会诚信风尚的实现形式日新月异。例如，以"信义"为主题，深入开展争创"文明诚信公民"活动，积极开展"文明诚信公民"评选活动。评选、推广出一批社会广泛认同的"文明诚信公民"，运用文学艺术和影视作品等表现手法，将"文明诚信公民"身上的诚信品质创作成人民群众喜闻乐见的、易于接受的、融思想性艺术性教育性于一体的精品力作，展示社会诚信发展的良好形象。各行各业广泛开展"共铸诚信"宣传教育活动，把诚信建设贯穿到生产、经营、消费、分配、社交等各个环节和领域，努力形成诚实守信、优质服务的良好社会氛围。群众性精神文明创建活动是广大人民群众参与到社会实践中的重要载体。开展群众性精神文明创建活动，就是要不断提高公民思想道德素质及其他素质。诚信作为公民思想道德素质的重要组成部分，通过"文明诚信公民"活动的形式，群众性精神文明创建活动的逐年逐阶段的开展，有效地促进了公民各项素质和社会文明程度的显著提高。群众性精神文明创建活动把诚信渗透到各项社会实践中，使人民群众在活动中思想得到净化，诚信意识得以提升。

三、深入开展争创"文明诚信窗口单位"活动，提升政务诚信水平

2014 年 9 月 25 日，《中国之声》报道了这样一则新闻——"河南济源一派出所借钱买电脑，称'经济困难'赖账 12 年"。公安机关的办公经费理应是上级拨付，但这个派出所却是向一饭店老板借钱购置电脑，而且 12 年过去了，更换了几任所长，这些欠款始终都没有还上，派出所给出的理由都是"经济困难"，难道就这一句简单的"经济困难"就可以赖账 12 年吗？政务诚信何在？政府部门无论大小，都是要为人民服务，对人民负责，必须要讲诚实守信。因此，要深入开展争创"文明诚信窗口单位"活动，提升政务诚信水平。

大力开展"文明诚信窗口单位"活动，提升政务诚信水平，首先对公务人员的仪表、形象、服务态度和言谈举止都提出了具体的要求。例如，接待群众要热情、耐心、细致、周到；要使用文明用语，主动解决群众关心的问题，为群众办实事，实行办事公开透明化，简化办事程序，提高办事效率、提升服务质量。其次，规范服务设施，营造良好的服务环境。公务人员要不断提升服务意识，提高服务基层和服务群众的能力和水平。让群众高高兴兴来办事，并在良好的服务环境中让群众高高兴兴办成事。再次，通过教育培训、考核奖惩和监督制约等方法进行严格管理。要定期举办针对公务人员的职业道德培训，将培训内容与工作实际相结合，切忌流于形式。将诚信教育摆在突出的位置，增强公务人员对诚信从政的认知水平，内化于心，外化于行，更好地依法办事，为人民服务。同时，增强公务人员主动学习

有关诚信道德的内容。各职能部门要按照测评体系的要求，完善政务公开制度，让权力在阳光下运行，接受广大人民群众的监督。深入开展争创"文明诚信窗口单位"活动，作为提高公务人员的职业道德水平的有效载体。深入开展争创"文明诚信窗口单位"活动，在党政机关开展"做人民满意公务员"活动，开展"诚实守信之星、优质服务模范岗"活动，使提升政务诚信水平的实现方式多样化和丰富化。

四、深入开展争创"文明诚信企业"，营造商务诚信氛围

人无信而不立，企业无信而不达。诚信是企业生存发展的根本，在激烈的市场竞争中，只有依靠诚信生产和经营，才能使企业获得健康、持续的发展。海尔品牌如今已走向世界，但是在其发展之初，当遇到诸多困难之时，海尔依然坚定地践行着诚信。1985 年的一天，时任厂长的张瑞敏发现有 76 台冰箱存在缺陷，这 76 台冰箱在当时价格不菲，张瑞敏本着对消费者负责，坚决不失信于消费者的态度抢起大锤将这些冰箱砸毁。这一砸赢得了群众对于海尔质量的信任，也让海尔这个品牌的诚信价值迅速飙升，成为家喻户晓的名牌企业。因此，要深入开展争创"文明诚信企业"，营造商务诚信氛围。

深入开展争创"文明诚信企业"，通过在企业开展"企业诚信日""诚信绿卡计划""大家谈诚信"等活动，并把"百城万店无假货""购物放心一条街""守合同重信用""质量价格信得过"等活动纳入"共铸诚信"总体部署中来。深入开展争创"文明诚信企业"，首先，一定做好教育培训，深入进行宣传教育、大力营造创建文明诚信的氛围。积极组织企业从业人员学习讨论，为争创"文明诚信企业"献计献策。加强职业道德教育，树立诚信为荣、失信为耻的职业价值观。努力奠定创建文明诚信的坚实基础，增强各行企业从业人员参与优质规范服务活动的自觉性，增强企业从业人员的参与意识，把广大从业人员的积极性真正调动起来。提升企业从业人员诚信服务意识，使

"建老百姓最值得信赖的文明企业"的经营服务理念贯彻到每个企业从业人员的思想中。其次，还要制定各项规章制度、行为守则和作风纪律等要求。通过标语口号、条例条幅、注意事项和板报等形式灵活多样具体地表现出来，使更多的企业从业人员深刻认识其重要意义。例如，在商店里悬挂"顾客至上，诚信服务"条幅，时刻使企业从业人员坚守住诚信的底线。通过图文宣传展板、电视、报纸、杂志、网络诚信故事征集与报道、发布企业诚信宣言和举办诚信高峰论坛等多种活动形式来配合争创"文明诚信企业"的活动。再次，同时通过考核奖惩的方法，制定出"重点突出、科学合理、便于操作"的考评办法。针对企业从业人员的诚信要求，要因地因业制宜，实事求是，激发企业从业人员争做诚信典型的热情。对于活动中涌现出来的诚信典型，应予以大力表扬与鼓励，并在企业会议、广播、展板和内刊上及时宣传与推广。通过企业从业人员的共同努力，全面提升企业的整体诚信度。

第三节　拓展社会诚信建设实践
提高社会诚信责任意识

积极拓展各类社会诚信建设实践活动，解决突出问题，广泛激发全员参与的积极性，全方位创建，形成齐抓共管的整体效应，从而提高社会成员社会诚信意识和社会责任感，促进良好社会风尚的形成。

一、加强家庭诚信实践活动，提升公民诚信意识

（一）开展"诚信家庭"创建活动

家庭是由婚姻关系、血缘关系或收养关系组成的社会生活形式。重视家庭诚信实践活动，提高家庭成员的诚信意识和社会责任感，让

每一个家庭都投入到家庭诚信建设当中来，才能更好地促进良好社会氛围的营造。

开展"诚信家庭"创建活动。家庭是组成社会的基本细胞，相互信任、相互关爱是夫妻之间婚姻稳固的基础，同时也是整个大家庭幸福的保障。

首先，倡导夫妻之间的诚信，开展"诚信家庭"创建活动。夫妻关系是家庭关系中最重要的关系。夫妻之间除了依靠法律的保障之外，更要讲诚信。家庭中夫妻之间讲诚信十分重要，诚实守信、忠贞不贰是维系家庭和谐到社会和谐的基本保证。唐朝魏徵在《群书治》中就曾说过："诚者，天地之大定，而君子之所守也。……父子有礼矣，不诚则疏；夫妇有恩矣，不诚则离。"这说明的就是天地是有纲纪的，不真诚就不能化育万物；君臣之间是有道义的，不真诚就不能相处共事；父子之间是有礼节的，不真诚就会无礼而疏远；夫妇之间是有恩义的，不真诚就会忘恩而离异。因此，在婚姻中，具有诚信品格的人才会赢得对方的信任并和谐相处。当今时代，随着经济的发展，生活节奏越来越快，工作竞争压力空前加大，越来越多的夫妻因忙于应付各种应酬而疏忽了彼此的交流，不讲家庭诚信的现象时有发生。

其次，倡导父母与子女之间的诚信，开展"诚信家庭"创建活动。父母是子女的第一位老师，也是终身老师，家庭是子女的第一个教育环境。因此，家庭教育是子女诚信教育形成的基础。家庭教育特点表现为早期性和长期性，以及父母和子女之间的血缘关系和在日常生活长期相处中父母对子女的耳濡目染、潜移默化的影响，这是子女诚信品德形成的前提条件。因此，父母的教育是子女诚信教育的第一课。在家庭环境中，子女从呱呱坠地的那一刻，有的甚至还没有出生时，就已经以胎教的形式开始接受家庭教育了。父母是子女最初的学习和模仿的对象。家长对子女诚信品德的形成和发展有着十分重要的作用。父母对子女的诚信教育不仅有诚信理念教育，而且也反映在父母的身教示范作用当中。中国古代这样的例子就很多，例如《韩非子·外储说左上》就记载了曾子烹彘的故事。有一天，曾子的夫人要到集市上去，他的儿子哭闹着也要跟着一起去。他的母亲对他说："你先回家自己待会儿，一会儿我回来给你杀猪吃。"曾子的夫人刚从集市上回来，曾子马上就要去杀猪。曾子的夫人就劝他说："我只不过是跟孩子开一个玩笑罢了。"曾子说："你可不能跟孩子开玩笑啊！小孩子没有思考和判断能力，要向父母亲学习，听从父母亲所给予的正确的教导。现在你欺骗了他，这是教孩子骗人啊！母亲欺骗儿子，儿子就不再相信自己的母亲了，这不是实现教育的方法。"于是曾子就杀了猪，给孩子猪肉吃。曾子为了不失信于子女，竟真的把猪杀了煮给孩子吃，目的就在于用诚实守信的人生态度去教育子女、影响子女。曾子用自己的行动教育子女言行要一致，家长不能信口开河，要言必行。只有言传身教，才能使子女诚实无欺。因此，父母对于子女的诚信教育要率先垂范，要求子女做到的事情，自己首先要以身作则，说到做到，在子女面前树立诚信的榜样，营造诚信道德教育的良好家庭氛围。

再次，面向全社会家庭及其成员，开展"诚信家庭"创建活动。开展多种形式的"诚信家庭"宣传教育活动，通过媒体宣传、社区文艺展演、市民学校培训、家庭才艺展示、家庭文明礼仪展、"诚信家庭"创建知识竞答和开展家庭诚信墙景画展示活动等为主要内容的文化活动，展示"诚信家庭"的新风采，发挥家庭在推进社会诚信建设工作中的积极作用。将"诚信家庭"创建活动与"五好文明家庭"创建以及未成年人思想道德建设相结合，进而带动家庭成员培养诚信品德。

（二）开展"家风"建设活动

在2014年春节之际，中央电视台《新闻联播》推出了一个调查节目，名字叫作"'家风'是什么"？当记者对接受采访者提出这样的问题的时候，很多普通老百姓的回答当中都有着这样的话语："做人要诚实厚道";"讲诚信，诚信是做人最基本的东西";"要认清什么该做，什么不该做";"本本分分做人，踏踏实实干事"等。很多明星接受央视《朝闻天下》采访谈自己的家风，例如，体育明星姚明和前女排教练陈忠和都谈到了诚信，诚信几乎是这些名人家风中提到的最多的关键词之一。在对重庆九龙坡区第一实验小学的2000余名学生进行"家风"调查的结果显示，"诚信"二字居首位。诚信已经在这些家庭长期发展过程中形成了长期影响家庭成员思想、品德和行为的一种传统风尚和德行传承。通过开展"家风"建设活动，比如可通过开展形式多种多样、内容丰富的"晒家风"活动、"万户家庭赛家风"活动、让更多的家庭去思考自己的家风，去追溯先辈家庭的传统，去形成现代家庭的家风，并将良好的家风推广开来。家风的良好与否，对一个社会而言，是一种道德的正能量能否从家庭扩散到社会当中去。以诚信作为其家风的家庭，在这个家庭当中的成员能够拥有良好的道德意识，在日常生活中强调言必信，行必果，为孩子的成长成才创造了诚信的家庭环境，在一定程度上有利于培养和陶冶具有诚信品德的人才。诚信的家风，能够对社会公德产生积极的促进作用，有利于全社会范围内的整体道德水平的提高。社会上积极向善、讲诚信的人多了，那么这个社会的风气也会逐步好转，向着更加文明与和谐的方向迈进。

（三）开展社区诚信建设活动

首先，加强家庭诚信和学校教育的互动，增强诚信教育的合力效果。现在的学生群体，呈现出独生子女多、娇生惯养严重的特点；另外还有一些留守儿童，缺乏和父母的沟通，导致亲子教育和家庭教育跟不上，致使很多孩子缺少感恩之心、上进心，并且自控能力差。他们缺失诚信观念，责任心也极为匮乏。另外，在实施素质教育多年的过程中，在教学实践中仍然存在着"重智轻德"的教育观念和方式，一味追求高分数和升学率的现象在个别地区还很有市场。越来越多的教育工作者在长期教育实践中都会深刻地体会到：有德有才是正品，有德无才是半成品，有才无德是危险品。在教育过程中，"重智轻德"极有可能导致培养出危险品。所以，诚信道德教育的重要性日益凸显出来。同时，家庭教育对学生的意义从小学到大学，随着教育层次的提高而不断衰减，为此学校应该有计划地引导家庭教育的性质和方向，使家庭教育和学校教育的培养目标得到更多的一致。因此，有必要加强家庭和学校的互动，增强诚信教育的合理效果，这需要通过以下途径加以实现：第一，家长与学校及时有效地实现诚信教育的双向互动。家长应经常主动地与学校保持联络，从学校领导和班主任那里了解子女在学校学习和生活当中的思想行为动态和诚信表现，及时给他们反馈有效信息，并有针对性地提出相关的建议和意见，提出可行性对策。另外，学校在这个过程中也应及时了解学生在家庭环境中的思想行为动态和诚信表现，实现家庭和学校的交流和良性互动，使家庭和学校及时掌握学生的思想行为动态和诚信表现。指导学生将诚信思想及时转化为诚信实践，培养学生树立诚信品质，共同营造诚信环境。第二，学校与家长共同讨论，以制定"家庭诚信公约"、签订"诚信教育活动协议书"，印发"学生家庭诚信综合实践活动考核单"和成立"诚信教育活动家长委员会"等方式，规定家庭和学校在诚信教育方面的责任，促进家庭和学校二者的有机结合。形成"教师——学生——家长——学生"互动的教育关系。教师教育指导学生，学生践行诚信，家长规范自己、示范孩子。最终达到教师、学生和家长都受到诚信教育的效果，并去积极影响带动身边的人。建立家庭和学校携手、共同育人的诚信教育机制，让诚信教育活动更多地进入课堂、进入千家万户，并对家庭、社会产生积极有效的辐射影响。从而使更多的家庭、邻里和睦，强化诚信教育的家庭和学校辐射功能，逐步达到社会的整体和谐。

其次，将家庭诚信建设融入社区诚信建设活动，可以通过以下途径加以实现：第一，开展"诚信社区、诚信家庭"主题教育活动。依托社区、学校和社区文化站等基层宣传教育阵地，利用知识讲座、培训班等形式，加强诚信知识和文明礼仪知识的普及教育，大力倡导信守承诺、诚信待人、言行一致，讲诚信、重操守的精神，努力使诚信建设融入群众的日常家庭生活之中，使市民诚信意识得到不断提升。第二，社区可以建立"家庭诚信档案"，如有"家庭失德"行为将记入"家庭诚信档案"，不仅全家都要丢脸，而且造成的后果会与许多优惠政策彻底无缘。同时，针对国家公务人员开展"争创廉洁家庭"活动，国家公务人员及其家庭主要成员要签署《家庭廉洁公约》。国家公务人员要起好模范带头作用，自觉遵守道德规范，积极投入社区诚信建设活动当中，努力净化家庭环境，把拒腐防变的家庭防线打牢。

二、加强政务诚信实践活动，提升政府履职能力

党的十七届六中全会提出，要"把诚信建设摆在突出位置，大力推进政务诚信、商务诚信、社会诚信和司法公信建设"[①]。政务诚信在诚信建设中居于第一要位，如果政府不讲诚信，企业诚信、个人诚信都很难实现。因此，要加强政务诚信实践活动，提升政府履职能力，用实际行动取信于民。

政务诚信是行政机关或行政人员在履行对公众的责任和对公众信守承诺的公共权力运作活动中应遵循的诚实守信的行为模式。在建立政务诚信制度中，要建立政府各职能部门和工作人员的诚信问责制和针对失信现象的追究制，通过建立工作人员的信用档案，接受社会公众的监督。制定一套可操作的奖惩制度，实现对社会公权的公开、公平和公正。让政务诚信切实得到可行的制度保证，在此基础上，广大人民群众才能够感受到自己的切身利益得到最大限度的维护。加强政务诚信实践活动，提升政府履职能力表现为以下方面。

---

① 《中共中央关于深化文化体制改革 推动社会主义文化大发展大繁荣若干重大问题的决定》单行本，人民出版社 2011 年版，第 16 页。

　　第一，实行政务公开，让权力在阳光下运行。实行政务公开制度就是要让权力在阳光下运行，打造"阳光政府"，提升政府的信誉度。用制度管人、用制度管事，使国家机关信息公开，行政权力公开透明运行。公开透明一直以来是人民群众对政府运作状态的一种要求，不仅能提高行政办事效率，而且对于政务诚信也是一种有效的监督形式。在政府工作的各个环节都要做到诚实守信，达到公开、公平和公正的效果。任何公民都可以通过各种途径，例如社会公示制度、听证制度、政务公开栏、政务公开网络、预告制和通报制等方式了解政府机构的权力的运行规则和方式等内容。通过实行政务公开制度，使群众真正去行使知情权，使政府和群众进行及时的沟通，使群众有效监督政府行为。要实现阳光政府、诚信政府，就必须有相应的行政程序作保障，只有这样才能使政府诚信落到实处。

　　第二，建设政务诚信考核机制，把诚实守信作为考核行政工作人员的重要内容。制定"政务诚信档案"，将其作为领导干部日常监管和年度考核的硬性规定，把政务诚信等级作为领导干部考核、评先、评优及提拔重用的重要依据。注意发现身边的好人好事，激励行政工作人员知荣弃耻，牢固树立政务诚信的意识。发动群众通过各种渠道推举诚实守信、讲究公德的先进单位和个人。总结经验，表彰先进，开展评选"人民满意的公务员"和"人民满意的公务员集体"活动。还有，要抓紧监督制约机制。要把内部约束机制与外部监督机制相结合，内部约束机制通过要求行政机关和行政工作人员遵守政务诚信来实现；外部监督机制通过行政机关和行政工作人员作出服务承诺，利用例会、发征求意见信、公布举报电话、虚心接受服务对象和社会群众的监督等形式实现。及时、有效地处理群众对政务失信行为的举报和投诉，集思广益、召开听证会广泛听取群众声音，切实完善政务诚信环境。随着信息科学技术的发展，大众传媒日益成为监督政务诚信的良好载体。以大众传媒为载体，传输政务诚信的内容，能够最大限度地扩大政务诚信的覆盖面。同时，能够增强传输政务诚信内容的时效性，促进政务诚信意识的提高和维护社会信用体系，关注和帮助社会弱势群体，使社会公正得以逐步完善。树立政务诚信依赖于法制的健全，没有法律的强制力的约束，难以形成整个社会的诚信氛围。但是单单依赖执法部门的资源又非常有限，很难进行全面的监督。大众传媒作为公共平台，它可以关注到社会的各个角落，通过发挥报道现象、揭示信息、舆论监督的强大功能，促进社会诚信内容的传输。大众传媒借助其传播方式的优势，将存在于政务不诚信行为向公众告知，纳入公众视野，让公众参与其中，形成社会舆论的强大压力，凸显了大众传媒在抵制政务不诚信行为，传输政务诚信内容的积极作用。

第三，建立政府承诺制度。当一个政府公开承诺，就要有诺必践，这时，广大人民群众就能够参与到对政府工作的监督中来。政府作出的承诺要力求实现制度化和规范化，处罚那些作出承诺却没能付诸实施的机关及工作人员；建立一套比较完备的针对承诺实现效果的奖惩和监督的制度。不但在政府相关部门推行服务承诺制，在老百姓意见突出的有关窗口单位也要推行服务承诺制。

第四，建立政府责任制度。一个负责任的政府会愿意或主动承担责任并对人民负责。一个不愿意或不敢承担责任的政府是不可能赢得人民对它的信任的。政府失信导致不当行使职权，包括行政监察、问责、投诉等一系列制度要配套，形成对行政行为失信责任的追究和惩罚。建立责任政府，已成为当代世界各国发展民主政治的大势所趋。加强社会各界对行政工作人员的监督力度，严肃处理有失信行为的行政机关及个人，对于造成损失的失信行政机关及个人追究相关法律责任。

三、加强商务诚信实践活动，提升市场诚信品质

伴随着中国经济持续快速健康的发展，商务诚信涉及内容越来越广泛，包含企业、金融、税收和价格等等，涉及社会的各个方面、各个环节和每个人。社会及用人单位对从业人员的职业品质要求也越来

越高，诚信是他们一项重要旳指标。在职场上要讲商务诚信，商务诚信是职业人一个重要的职业素质，商务诚信缺失对企业、公司的影响是从业人员对资源的把握降低、对市场的掌控能力降低和对环境变化的敏感度降低，光凭专业知识、职业技能在激烈的市场竞争中很难立足。商务诚信日益成为衡量人才的最关键因素。但目前国内商务诚信状况的现状和评估体系的缺失，极大地困扰着企业及用人单位，并带来严重的诚信资源浪费与损失。缺乏商务诚信不仅会给企业、公司带来资源的损失和浪费，同时对于消费者的人身健康以及整个社会的稳定发展都会带来负面的影响。

中国在从计划经济体制向市场经济体制转变的过程中，必然会导致作为上层建筑的道德观念发生相应的变化，诚信缺失的问题已经凸显出来。目前，中国由于信用缺失，每年造成的直接经济损失就达5855亿元。① 三鹿集团就是典型的案例。三鹿一度是乳品行业的领军企业，其奶粉产销量曾创下连续15年第一的骄人战绩，连续6年跻身"中国企业500强"。在三聚氰胺事件爆发前，它的品牌价值达107亿元；而在事件之后，这家中国农业产业化国家重点龙头企业轰然倒塌，曾经高达149亿元的品牌价值荡然无存，数以万计的员工因此失业。民以食为天，食品企业却过分追求经济利益，置人的生命、职业诚信于不顾。原三鹿集团董事长田文华在看守所面对记者侃侃而谈，她没有感到惭愧，而是感到自豪。面对多名婴幼儿生命的逝去，企业经营者竟然如此的冷漠，企业经营者应该具有的职业诚信已荡然无存。可见，真正导致三鹿走上不归路的是企业经营者、管理者、生产者职业诚信的彻底沦丧。只要有钱可赚、有利可图、有金可捞，就能视人命如草芥，制假贩假、图财害命。三聚氰胺本来是一种工业原料，主要用途是与醛缩合，用于涂料、黏合剂、纺织、造纸、皮革鞣

---

① 彭未名：《"思想道德修养与法律基础"课优秀教案》，广东高等教育出版社 2009 年版，第18 页。

制、阻燃化学品以及脱漆剂等。三鹿集团在婴幼儿奶粉中添加这种工业原料，目的是在检测中提高蛋白质的含量，而被人食用，可导致人体泌尿系统产生结石。

鉴于此，加强商务诚信实践活动，提高从业人员的诚信意识和社会责任感，对于中国社会诚信体系的全面发展起着十分重要的作用。加强商务诚信实践活动主要通过以下途径予以实现。

第一，开展商务诚信宣传教育活动。加强企业诚信经营，通过开展诚信经营培训、树立诚信经营典型和签订诚信经营承诺书等形式，推进商务诚信观念不断深化，努力营造诚信经营的良好氛围，引导企业树立正确的经营理念，建立规范有序的市场环境。各窗口、公共服务行业、企业和单位必须坚持教育为本，以德育人，树立良好的道德风尚，塑造高尚的人格。结合自身实际，以加强全体从业人员职业诚信建设为切入点，制定通俗、易懂、好记的"讲诚信"工作手册，开展形式多样的以提升商务诚信服务效能的竞赛活动，进一步提高窗口行业、公共服务行业、企业和单位从业人员的职业素质，引导从业人员在单位做个讲商务诚信的好员工。

第二，开展群众评议职业诚信活动。充分发挥群众的力量，开展"老百姓评议"活动。通过问卷调查、民意测验、设立公众信箱、行风热线、社交网络、微博和手机短信等多种方式广泛征求群众意见，找出商务诚信方面存在的问题。与群众进行多层次、全方位和开放式的交流互动，关注社会群众关心的热点问题、焦点问题并及时进行重点整治。新闻监督通过新闻媒体解答消费者提出的问题，对市场中存在的问题进行曝光，加强新闻舆论的监督，以督促企业及员工改正违背职业道德的种种行为。既可以很好地促进生产，也可以使从业人员受到诚信生产、诚信经营的教育，进而促使企业能够产生更好的经济效益和社会效益。要深入了解群众诉求，及时迅速作出回应，制定相应整改措施，作出行业诚信服务承诺。

第三，开展制定商务诚信规章制度活动。商务诚信既要靠日常的教育，也要靠科学的管理。在行业组织开展"讲诚信"为主题的建立一整套规范的商务诚信规章制度。达到完善工作流程、严格办事程序、严明纪律要求，建立有效的管理机制，切实纠正行业不正之风，树立良好的职业形象的效果。例如 2014 年 8 月 28 日，成都市食品安全协会成立，成都市各区市县 300 多家企业签订食品安全诚信承诺书，宣誓为保障食品安全、诚信守法经营，要提升品牌质量，尽到食品生产企业的责任和义务。

第四，开展新闻媒体"走近商务诚信"活动。邀请各类新闻媒体全程跟踪采访商务诚信建设方面取得的进展和成效，宣传诚信践行的好的企业、公司的有效做法和成功经验。总结出高效率、可操作、受欢迎、易推广的"商务诚信践行法"或诚信企事业单位、公司，加以推广。同时，关注群众反映强烈的职业失信行为，发挥新闻媒体及时有效的舆论监督，推进实际问题的解决，形成商务诚信建设发展的良好舆论环境。

第五，开展"商务诚信经营"系列评比活动。在经济领域继续开展"重合同、守信用"企业评比活动。在与群众生活密切相关的行业和单位，积极构建"诚信联盟"，组织实施"诚信经营"示范活动，开展"优质服务品牌"和"诚信经营单位"评选、表彰和宣传活动，增强广大经营者的诚信意识。在城市，开展"诚信示范街""诚信放心店"等创建活动。在农村，鼓励和引导集镇、农村广大经营户、农资和农产品等经营业户诚实守信经营，努力营造安全放心的消费环境，开展"农村诚信经营示范户"评选，形成守法经营、文明经营、诚信为本的良好氛围。

四、加强司法诚信实践活动，提升司法公信力

司法诚信是指司法机关在司法活动过程中要诚信地适用法律的司法行为原则。司法公信力是指"司法机关依据对法律和事实的信用所

获得的社会公众信任的程度，它反映社会公众对司法机关的主观评价、心理反映及价值判断。"① 司法公信力是司法诚信的主要体现，因此要加强司法诚信实践活动，提升司法公信力。加强司法诚信实践活动，提升司法公信力主要表现为以下方面。

第一，利用诉讼活动和司法裁判，对诚信和失信行为赏罚分明。《最高人民法院关于切实践行司法为民大力加强公正司法不断提高司法公信力的若干意见》中强调："大力推进司法诚信和社会诚信建设，利用诉讼活动和司法裁判，加大对诚信行为的保护力度和对失信行为的惩罚力度，提高诚信效益，增大失信成本，严格防范并依法制裁当事人利用诉讼手段逃避责任或谋取不正当利益。"通过依法审理买卖、借贷、担保等纠纷，保护诚实守信，制裁违约欺诈，与多部门相互配合，多管齐下，在全社会营造良好的司法公信力氛围。

第二，提高司法队伍整体建设。司法队伍代表着国家的法律形象，司法队伍的整体建设以及司法工作者的素质如何，直接关系到广大人民群众的切身利益，是党和政府取信于民的关键。在社会的转型期，出现了一些司法工作人员有法不依、执法不严的司法腐败现象，极大地伤害了广大人民群众对于司法工作者信任的感情。因此，越是在关键时期，越要重视人的因素。培养司法工作人员对本职工作的诚信态度，对当事人的诚信态度，提升司法公信力。

第三，加快建设全社会的信息传播系统。建立由法院、工商、税务、海关、公安和银行等相互连接的网络系统，定期发布那些在交易领域内有欺诈行为的企业或个人，使违背诚信的企业或个人再也难以进入交易领域。同时，由政府开办的信息传播系统向社会开放，对企业或个人提供查询功能与服务；一切准备介入市场的企业或个人可以通过信息传播系统来查询和选择自己的交易伙伴，从而提高交易的可靠性和安全性。

---

① 刘昂：《司法诚信概念解析》，《北京政法职业学院学报》2012 年第 1 期。

第四节　强化社会宣传舆论引导
发挥诚信模范带动作用

加强舆论引导，充分发挥诚信模范典型的示范带动作用，是我们党在长期的革命和社会主义现代化建设中的行之有效的工作方法。习近平在会见第四届全国道德模范及提名奖获得者时指出："长期以来，各地区各部门按照中央要求，不断推进公民道德建设，弘扬中华传统美德，培育时代新风，中华大地涌现出一大批道德模范、最美人物。全国道德模范就是其中的优秀代表。你们或充满爱心、助人为乐，或见义勇为、舍生忘死，或诚实守信、坚守正道，或敬业奉献、虔诚勤勉，或孝老爱亲、血脉情深。你们的高尚品德，温暖了人心，感动了中国，为全社会树立了榜样。"[①] 榜样的力量是无穷的，各个历史时期的具有时代鲜明特征的诚信模范典型在不同的时期都起到了强大的感召力和影响力，对于良好社会风气的形成起到了十分重要的作用，同时也为各个时期各项工作的顺利开展起到了促进作用。

一、选树诚信典型的原则

（一）先进性原则

选树诚信典型要遵守先进性原则，先进性代表着事物发展的正确方向。人的思想觉悟有高低之分，人的实际行为和表现也有先进和落后之分。选树诚信典型要在日常的学习、工作和生活中去细心地观察，在他们身上发现先进的思想和行动。让广大人民群众感受到诚信典型与他们是一样的，都是有血有肉有情感的人，是他们当中的先进

---

① 习近平：《深入开展学习宣传道德模范活动，为实现中国梦凝聚有力道德支撑》，2013 年 9 月 27 日，见 http://www.wenming.cn/ddmf_296/dsjpxbz/yw/201309/t20130927_1493707.shtml。

者与榜样。

选树诚信典型要遵守先进性原则，要选择那些率先垂范诚实守信的道德标准，凭良心做事，真心实意为社会为人民服务，在工作和生活中赢得信任的人。辩证唯物主义认为，任何事物都是发展变化的。随着社会主义市场经济体制的建立和完善，选树诚信典型的标准也是不断发展、与时俱进的。诚信模范典型的选择和培养要从实际出发，通过深入挖掘人民群众身边诚信模范先进事迹，培育宣传人民群众身边的诚信典型人物。引领人民群众根据身边实实在在的诚信模范典型与事迹去引导和塑造自己的生活，使人们真正信服诚信典型，产生"学有榜样、赶有目标"的积极性，发挥诚信典型的示范和表率效应，使其诚信教育效果更加生动和明显。

（二）导向性原则

诚信典型存在于现实的社会生活之中，是实实在在的个人或群体，他们先进的思想和行为是对一定社会主流道德的反映。选树诚信典型，要让群众见贤思齐，有良好的标杆可以借鉴，在相互的感染交流中产生情感上的共鸣，自觉认同诚实守信的道德要求。

运用诚信典型动员、启发、教育人们，达到把人们的思想和行为引导到符合社会发展要求、推崇和倡导的方向上来的目的。中国在从计划经济向社会主义市场经济的转轨过程中，一些诚信缺失的个例中让我们深思。中国经济网推出 2012 年度"十大诚信缺失案例"：万科深陷安信"毒地板"门、立邦多乐士齐曝质量丑闻、修正等多家药企使用铬超标药用胶囊、立顿茶包被曝含高毒农药、可口可乐身陷"含氯门"、国际食品包装协会系"野鸡机构"、山西汾酒身陷秘密召回门、健康元身陷地沟油制药危机、光明乳业"6 连错"、酒鬼茅台五粮液等齐陷塑化剂风波。①

---

① 《中国经济网推出 2012 年度"十大诚信缺失案例"》，2013 年 1 月 16 日，见 http：// www. sxcredit. gov. cn/html/2013－1－16/094441. html。

企业为了谋取不法利益连基本的诚信也不讲，置人的健康和生命于不顾。推进诚信道德建设、精神文明建设和社会主义核心价值观建设，需要诚信模范的引领和导向。选择和培养诚信道德模范，引导人们见贤思齐，在学习的过程中达到自我净化、自我革新、自我提高和自我完善，形成更多的正能量，投入到实现中华民族伟大复兴的事业当中去。

（三）群众性原则

选树诚信典型要遵守群众性原则，就是要坚持走群众路线，深入群众中去，认真听取各方面群众的意见，全面客观地对待群众的不同反映。选择和培养诚信道德模范典型，要为广大群众所认可和接受，具有广泛和牢固的群众基础。把群众满意不满意、社会认同不认同作为衡量诚信典型选树的标准。在此基础上，来实现效仿诚信道德模范典型的效果。坚持群众性原则，就是告诉人们，做一个讲诚信道德的人并非那么遥不可及，因为诚信模范典型植根于群众之中，来自于群众，同时又是群众的杰出代表。所以，真正的诚信典型是为群众所拥护和欢迎的。

选树诚信典型坚持群众性原则，首先，要在立足于时代的大背景下，在广大的人民群众中间去挖掘。其次，要到学校、社区、企业、军队、村镇和机关当中去挖掘，在不同的领域去传递诚信经验。选树群众身边看得见、摸得着的实实在在的诚信典型，使选树的诚信典型可学、可信、可敬。再次，把诚信典型身上的先进思想和优秀品质提炼出来，让群众去效仿，使群众不断进行自我教育和自我完善，使诚信典型的高尚行为逐步成为广大群众潜移默化之中的自觉行动。

二、宣传诚信典型

（一）及时发现诚信模范典型

要反映时代特色，及时发现和树立诚信模范典型。要深入实际中去，做好调查研究，及时发现诚信典型。要实事求是地宣传好诚信模范的事迹，让群众感受到这些诚信模范其实就在他们身边，让群众在潜移默化中产生对诚信模范典型的仿效之心。及时发现身边的诚信模范典型，运用群众身边的人和事，开展宣传教育活动，弘扬时代新风，树立社会正气。例如，每周开展一次诚信模范典型活动，及时发现身边好人；每月开展一次"诚信模范之星"的评选表彰活动；积极开展诚信典型示范教育活动，以"发现诚信、传递诚信、弘扬诚信"为主题，以"你诚信我送花"的方式，对诚实守信的好人好事、先进典型给予褒奖。在发现和树立诚信模范典型的过程中，积极地去影响广大群众，形成讲诚信话、办诚信事、做诚信人的浓厚氛围；积极组织群众踊跃参与推荐评选诚信模范典型活动。

（二）做好舆论的引导与宣传

"典型"的意思是具有代表性的人或事，诚信典型形成于一定的典型环境，即具体的现实关系中，并对它发生作用。在精神文明建设领域，充分发挥诚信模范典型，就是通过加强舆论引导，充分运用报刊、广播、电视、互联网和手机短信等手段，发挥具有普遍代表性又具有鲜明个性特点的诚信个人或集体的先进思想、先进事迹和先进经验，从中总结出具有普遍指导意义的结论和一般原则，推而广之，达到以点带面，在全社会范围内践行诚信的目的。人们在诚信模范的事迹中认识到自己对社会所担负的职责和义务，从而树立正确的世界观、人生观和价值观，见贤思齐，追求人生真正的价值。严格要求自己的言行，践行良好的行为习惯，养成高尚的道德品质。

通过舆论的引导与宣传，首先要弄清楚诚信模范典型事迹、精神和特色是什么，宣传这个诚信模范典型的时代意义、社会价值何在。做好对诚信典型的思想、行为和事迹进行总结和宣传，人们可以感知时代需要什么、社会需要什么、群众崇尚什么，从而不断引领社会前进。做好舆论的引导与宣传。从诚信典型从事的行业、诚信典型产生的背景和诚信典型所对应的人群等因素进行分析，为诚信典型能够被群众接受并效仿创造条件，营造良好的氛围，使广大群众学习诚信典型的活动蔚然成风。

诚信典型能够被发现，必然是长期扎实细致工作的结果。舆论的引导与宣传作用，很大程度体现在诚信典型的示范作用上。合理利用现有资源和条件，采取多媒体配合的方式，集中力量，形成合力。通过报纸和电视等主流媒体以较大篇幅和较长时段，采取消息、通讯、系列报道、图片等多种形式，集中推出诚信典型的事迹。同时，大众传播媒体通过对讲诚信的单位或个人进行广泛深入的报道，使诚信典型的事迹更加深入人心，让更多的人去践行诚信。例如，一个86岁的名叫欧兴田的老兵，为了60多年前对战友的一句承诺，在偏僻的小山村里为战友们守墓，欧兴田本应该享受天伦之乐、儿孙绕膝的生活，而他却拖着伤病之躯，为重建淮北西大门抗日烈士陵园四处奔走，并坚持要做一件事，那就是在此要为牺牲的战友们守墓，这一守就是30年。欧兴田的故事在偶然被放到网络上后，感动了众多网友，并在2010年被网民投票选为"中国好人榜"诚实守信"中国好人"。又如在2014年"3·15"晚会上把特别贡献奖颁给了安树堂。2012年5月，在辽宁省沈阳市，安树堂通过多方筹借资金，投入30多万元开了一家大众浴池。刚刚经营一年，安树堂租用的房子就要被拆迁。此时，安树堂还有10多万元成本没收回来。在这种情况下，安树堂首先想到的不是自家还赔着钱，而是他已经预售出去的4万多元联票款，一些顾客还没有花完。从此，安树堂天天守在原来浴池的旁边，等着给顾客退款，直至把全部的联票款退完。安树堂用行动证明了什么叫诚信经营，这深深触动了人们的诚信意识。

以组织诚信典型先进事迹报告团，召开先进事迹座谈会和研讨会等形式，编印学习材料，制作多媒体和宣传片等，通过这些策划的实施，扩大深化对诚信模范典型的宣传效果。通过多种形式的学习宣传，使诚信典型在群众中产生广泛深入的影响。形成"学习诚信模范典型、关爱诚信模范典型、崇尚诚信典型、争当诚信典型"的浓厚氛围。广大群众要见贤思齐，认真向诚信典型学习，从自身做起，从点滴小事做起，促进良好社会风气的形成。从发现诚信典型到总结、推广诚信典型，是不断实践、深化认识的过程。通过做好舆论的宣传与引导，借鉴运用诚信典型最本质的东西，更好地指导工作实践。

三、学习和支持诚信典型

学习和支持诚信典型，要大力营造学习诚信典型的良好氛围，只有善待诚信模范典型，才能激发广大群众成为诚信典型的积极性。首先，要坚持重视学习诚信典型，营造学习诚信典型的社会环境，同时，要努力营造诚信典型光荣的舆论氛围。在社会的大环境下和良好的舆论氛围中，人们会在潜移默化之中见贤思齐，主动践行诚信。其次，学习诚信典型不仅要学习其先进思想和优秀品质，还要把这些转化为实际的行动。同时，要针对时间、地点和领域的不同而作出相应的调整，不能简单地效仿其行为。再次，学习诚信典型，要把诚信典型的先进之处与自身实际相结合，并不断完善，实现创新发展。最后，学习诚信典型，要有一个谦虚认真的态度。不能因为诚信典型在其他方面存在不足，就影响对其先进思想和优秀品质的学习，要保持好学习诚信典型的积极性。

在社会的转型期，要让诚信典型继续先进，继续成为广大群众学习的榜样，就要给予诚信典型以支持，使诚信典型的先进思想和模范行动保持旺盛的生命力。首先，对于一些生活上有困难的诚信典型，要采取物质上帮助的形式，近年来，党和政府在物质上对生活有困难的诚信典型进行了帮助，为他们解决了一些实际困难。其次，对诚信典型以及他们家属的关心关爱不能只局限于物质，关爱诚信典型还要注重从精神上和心理上予以关心和支持。加强对他们心理和精神层面的关心。诚信模范典型是社会诚信精神的践行者，他们的心理压力和社会焦虑超过普通人群，这就需要关爱帮扶活动在现有基础上继续拓展和延伸，建立心理疏导机制和情感引导机制，让诚信典型不再孤单寂寞，让他们过得更好，走得更远。再次，除了精神上支持和物质上帮助之外，要形成复合型的长效奖励机制，制度是不以个人的意志为转移的。构建和完善好复合型的长效奖励机制，在全社会大力倡导"好人有好报"的浓厚氛围，我们的诚信典型将会如雨后春笋般层出不穷。

第五节　加强社会诚信体系建设
构建中国特色征信系统

市场经济是信用经济，市场经济的发展离不开诚实信用。目前，针对我国市场经济的发展和整个社会诚信的发展状况，必须加强社会诚信制度体系建设，构建中国特色社会征信系统，推动社会诚信建设不断发展和完善。

一、加强社会诚信制度体系建设，为社会诚信建设提供制度保障

（一）实现诚信制度立法，用法律来规范社会诚信建设

法律和道德作为调节人们思想和行为、协调人际关系、维护社会秩序的重要手段，在调节范围、调节方式和调节目标等方面都存在着很大不同。法律是由国家制定或认可并依靠国家强制力保证实施的，反映由国家制定或认可并依靠国家强制力保证实施的，反映由特定社会物质生活条件所决定的统治阶级意志，规定权利和义务，以确认、保护和发展有利于统治阶级的社会关系和社会秩序为目的的行为规范体系。在社会主义市场经济条件下，有些严重违背社会诚信准则的现象和行为的发生，如果只是单一依靠道德去进行调节，达不到重建社会诚信，促进整个社会风气好转的目的。虽然从调节范围上看，道德

比法律有更宽泛的范畴，但是，从调节方式上来看，法律则是以国家强制力作为其坚强后盾，具有更强的刚性一面，道德则表现为相对柔性的一面。

社会诚信建设的一些方面，能够依靠道德的力量予以规范，而有些涉及重大的社会利益和经济问题时，单纯依靠道德去规范和约束已经不能达到良好的效果，法律将成为更为重要的手段。同时，改革开放以来，随着经济发展的需要，各地区、各行业纷纷打造诚信品牌，但是由于缺乏有力的相关立法支持，社会诚信建设并未取得根本好转。因此，对于社会诚信建设必须尽快制定出台相关法律法规，逐步实现诚信制度立法，完善我国法律制度，用法律来规范社会诚信建设，以保障社会诚信建设的目标的最终实现。

社会诚信建设需要有法可依。有法可依是进行社会诚信建设的前提，需要有一个相对完善的法律制度，去确保可以依法进行社会诚信的建设。有了专门针对社会诚信建设的法律，法律与道德将会更好地发挥合力，促进社会诚信建设的完善。法律具有国家强制性，在法律制度强制力的约束下，外在他律会逐渐转化为内在的道德自律，从而使诚信转化为人们的内心信念，外化为行为习惯。这也是专门为诚信制度立法，形成法律制度对社会诚信建设的重要作用。

在实现诚信制度立法后，法律制度基本建立起来，接下来的就是要实现法律制度的作用了。法律的强制性表现为对违法行为的否定和制裁。例如在构建体系之时，就应该去注意违反诚信的行为会产生哪些严重的法律后果，怎样去进行监督等。做到有法可依以后，同时要做到有法必依、执法必严、违法必究，适应社会主义市场经济的不断发展对诚信制度立法的需要。

（二）建立社会诚信制度，在全社会形成良好的诚信氛围

第一，构建个人信用制度。近年来，我国的征信体系得到了迅猛的发展。但是，因为一些数据和标准的不完整与不完善，对一些企业和个人的信用状况还不能进行有效的评估。因此，诱发失信行为的直

接原因就是信息不对称。为了防止更多的失信行为的发生，不仅要建立健全产权制度，还应该借鉴国外的先进经验，并结合我国的国情和实际发展状况完善相关的信息立法，以此构建符合我国国情的个人信用制度。

第二，加强制度的执行力度。社会主体本着诚信原则，在健全完善的制度体系下，执法主体的作用便凸显得越发重要；如果建立的制度不能有效实施，制度将徒有其名。政府作为当前诚信社会的执法者，要不断完善其行政制度；实行政务公开，加强制定政策和决策的透明度，接受社会各界的监督，使公信力得到不断提升。

二、加快信用体系平台建设，构建中国特色征信体系

（一）加强征信立法，强化管理

征信是指专业机构依法采集、保存、整理和提供企业及个人在以偿还为条件的货币借贷和商品交易等经济活动中产生的信用信息，以此作为投资者和信用交易机构判断企业和个人在经济活动中的道德水准和偿债能力，进行信用风险管理的重要决策依据。建立征信体系是为每一个有经济活动的企业和个人建立一套信用档案，在信用交易中使授信方能够对信用申请人的信用状况有个清楚的了解，在法律允许的范围内为社会提供服务。

我国从 20 世纪 80 年代末开始建立社会信用体系。目前，我国的征信业已经初具规模。然而，大量事实和理论研究表明，为了实现企业利益最大化，社会主体的利益会被一些征信企业所损害。同时，一些关系到国家机密、商业机密和个人隐私的信用信息也被征信所涉及。正是基于以上考虑，无论哪个政府都要对征信业和征信市场进行严格的监管。

我国征信立法始于 20 世纪 90 年代，直到 2003 年年底才赋予中国人民银行履行监管信贷征信管理系统的法定职能。我国的征信立法起

步晚，属于立法的初期阶段，对信用信息保护、个人信用等方面规定得较少。要加快社会信用体系建设，完善社会信用环境，应加强对国际征信立法经验和我国征信市场的调查研究，在此基础上，尽快出台《征信管理条例》，完善信用制度，支持和鼓励信用行业，强化守信意识和诚信自律。

（二）加快征信行业建设，完善信用信息整合

建立中国特色的征信体系，关键在于参与市场活动的各个企业中，消费个人或企业的信用数据库的建立。在这个数据库中，不但能够体现守信用的企业良好的信用记录，而且还可以在一定时期内保存一些失信的企业或个人的记录在数据库内。再将这些数据提供给有信用查询需要的市场参与方，作为交易过程中资信评价的参考。

信用数据库的建立大致应由以下三步进行。

首先，在政府方面，政府相关部门在法律法规的范围内，可以获得大量企业资信信息。依据企业资信信息，政府有关部门应建立专门的数据库，如涉及工商法院、人民银行等机构的数据库。依据专门的企业征信数据，可为社会信用查询系统提供服务。

其次，行业层面，一个行业范围内有企业的信用资料相对集中的特点，可以针对本行业的特点建立企业信用数据库。加入本行业的企业信用数据库，可以拥有查询本行业其他成员的信用资料的权利。

第三，在专门征信机构层面，针对不同的服务对象建立资信数据库，例如，拥有较大的数据量、齐全的和更新较快的信息。我国目前还没有一家征信机构能够建立一个用于信用评估的资信数据库，所以建立数据库，完善更新数据还需要很长的路要走，需要不断地加强人力、物力和财力的投入。

第四，在衔接层面，争取实现全国联网来运行企业和个人信用信息基础数据库。数据库的全国联网，不但要完善个人信用信息的系统查询、异议处理、统计、纠错等功能，而且要加强对行业、区域和结构信贷特点的分析，还要加大数据库的非银行信息采集力度。

三、加强失信惩戒力度，强化社会诚信建设长效机制

失信惩戒机制是由信用市场各授信主体共同参与，公开企业和个人的信用记录和信用信息，提高市场交易中的信息对称程度，以此来约束企业和个人的信用行为的社会机制。失信惩戒机制主要是通过经济手段、法律手段和道德手段来实现对在经济活动中有失信行为的企业和个人进行惩戒。

第一，经济手段惩戒。经济手段惩戒主要表现为对有失信行为的企业和个人实施经济处罚，提高有失信行为的企业和个人的交易成本。经济惩戒的手段主要表现为经济处罚、市场进入等方式。对于失信的企业和个人的经济处罚往往要比他们在市场交易中的失信行为获利要多。如果经济处罚过轻，不足以震慑那些失信行为的企业和个人，使他们存在侥幸心理，铤而走险，造成在市场交易中许多不正当竞争行为的发生。经济手段的惩戒越来越发展为最直接最有效的惩戒手段，起到较大的威慑作用，把那些有失信企图的企业和个人消灭在萌芽状态。对那些已经形成事实的失信企业和个人，市场禁入比经济处罚的力度要更大，一旦对那些失信的企业和个人实施了市场禁入，失信的企业和个人在一定时期不能进入市场进行交易活动。一些企业法人和相关负责人不能在行业任职，严重者不能注册新的企业。市场经济是信用经济，经济手段的惩戒能够促进信用经济的正常发展，提高市场交易中的信息对称程度，降低市场交易中的失信行为，从而提高市场中信用交易的成功率。目前，我国已建立了全国企业信用信息公示系统，可通过选择企业登记机关所在地区，查询企业名称或注册号来查询企业信用信息。信用经济越来越广泛地影响着人们的生活，通过经济手段的惩戒，企业和个人会自发地去遵守市场交易过程中的相关规则，诚信地进行市场交易。

第二，法律手段惩戒。从诚信的发展历史上来看，诚实守信是作

为一种道德准则的形式而出现，后来为法律所吸收，在一定程度上填补了法律的空白。法律手段对于一些失信行为的惩戒集中在违约和违法所引起的法律责任中。对于那些情节较轻的失信行为，例如，违反已签订的合同义务的违约方应承担相应的违约责任；对于那些情节较重的失信行为，例如，诈骗和欺诈违反法定义务的违法犯罪行为。法律以法律条文的形式对那些有失信行为的违法犯罪分子实施法律手段惩戒。

目前，我国已出台了《反不正当竞争法》《产品质量法》和《消费者权益保护法》等多部法律，其中对因为造假行为使消费者权益受到侵害都做了明确的规定。但是处以罚款的力度不是很大，不能从根本上遏制那些有制假贩假失信行为的企业和个人。所以，应当加大法律手段的惩戒力度，体现法律的强制力效应，例如可以从刑事制裁、民事赔偿和行政处罚等方面增加量刑的力度，从而约束人们遵守诚信，提高法律的震慑力。

第三，道德手段惩戒。道德手段的惩戒主要是依靠人们的内心以及外部一些舆论效应来实现的。道德手段的惩戒主要是围绕着社会的明确主流导向而展开的，依靠报纸、广播、杂志、电视、互联网等方式来曝光各种失信行为，使失信行为的企业和个人在最短的时间内达到曝光的效果，为失信行为付出代价，使他们在社会的大环境中备感道德谴责的压力。树立社会诚信依赖于法制的健全，没有法律的强制力的约束，难以形成整个社会的诚信氛围。但是单单依赖执法部门的资源又非常有限，很难进行全面的监督。大众传媒作为公共平台，它可以关注到社会的各个角落，通过发挥报道现象、揭示信息、舆论监督的强大功能促进社会诚信内容的传输。通过法院和大众传媒双管齐下得到的力量效果是积极而有效的。大众传媒借助其传播方式的优势将存在于社会的不诚信行为向公众告知，纳入公众视野，让公众参与其中，形成社会舆论的道德谴责压力，在一定程度上促进了法院"执行难"问题的解决，凸显了大众传媒在抵制社会不诚信行为，传输社会诚信内容的积极作用。失信者的失信行为一经曝光，使他们暴露在充满道德约束的大环境下，迫于这种压力，如果还想在社会中生存，就必须恪守诚信。

结束语　让"守诚信"成为"日用而不觉"的价值观

社会主义核心价值观是社会成员整体利益的文化道德表达方式，体现着社会主义的公平正义。它是诚信系统中最高的"道义"法则，为诚信观念培育、制度建设和个人修养提供了价值向导。

培育"诚信为荣、失信可耻"的诚信观念。诚信观是在处理人与人、人与社会、人与自然活动中形成的，关于诚信现象、诚信问题和诚信理论的基本观点和看法。它不仅是交往过程中的诚信价值取向和价值追求，还是把诚信作为衡量外在交往的价值评判标准。当前，一些人把"忽悠"当能力，把"欺骗"当本事。甚至把诚实守信赋予了道德的负面价值，看成是"老实"的表现。还有人把诚信划出了"界限"，认为诚信只是对自己的人，而不是对所有人。于是，形成了有些部门和单位的"集体造假"，形成了大家心照不宣的"潜规则"。因此，培育以"诚信为荣、失信可耻"的社会诚信观，就是让"诚实守信"的价值观念成为衡量社会行为的主要标准，成为社会成员的基本道德追求。

用核心价值观引领诚信制度体系构建。诚信制度是对社会成员的诚信行为进行规约的规程、准则和规范，是诚信道德的制度化和规范化。坚持社会主义核心价值观的引领，是诚信制度体系建设的应有之义和内在要求。核心价值观体现了诚信制度建设中的正义性和合法性，它为制度建设提供了价值准则和道义基础。一方面，把核心价值观贯穿到诚信实体规范体系中，引领政务诚信制度、商务诚信制度、社会诚信制度和司法公信制度建设的各个领域。另一方面，把核心价值观贯穿到社会诚信程序规范体系中，引领社会诚信制度运行的各个环节，如诚信评价制度、诚信信息采集记载制度、失信行为处罚制度、诚信档案管理制度等。此外，核心价值观所倡导的法治精神，能够促进社会成员自觉遵循诚信制度，维护诚信制度权威，弥补诚信制度在调整社会成员交往关系中的缺陷和不足。

自觉践行核心价值观提升诚信修养。习近平指出，"核心价值观，承载着一个民族、一个国家的精神追求，体现着一个社会评判是非曲直的价值标准"。① 社会主义核心价值观是个人诚信修养的价值准则和理论基石，个人的诚信修养活动，也就是自觉践行核心价值观的实践过程。即按照核心价值观的道德要求，把诚实守信内化为个人的精神追求，外化为自身的行为方式。要勤学修德，以诚实守信为准则进行自我审视，培育诚信修养的强烈动机，自觉地去学习、思考和体验。把诚信作为每个人内在的精神追求，通过诚信修养来增强个体的人格魅力，提升自身的精神境界。要明辨笃行，面对诚信和利益相悖的道德情境，能够明辨是否、坚守底线，信奉守信光荣、失信可耻，做到诚信为本、操守为重。从身边做起、从小事做起，使诚信成为每一个人自觉的行为遵循。

---

① 习近平：《在北京大学师生座谈会上的讲话》，《人民日报》2014 年 5 月 5 日。

参考文献

《马克思恩格斯文集》第 1、7、8、9 卷，人民出版社 2009 年版。

《马克思恩格斯选集》第 1、2、4 卷，人民出版社 1995 年版。

《马克思恩格斯全集》第 42 卷，人民出版社 1979 年版。

《马克思恩格斯全集》第 25 卷，人民出版社 1974 年版。

《列宁专题文集·论马克思主义》，人民出版社 2009 年版。

《列宁专题文集·论无产阶级政党》，人民出版社 2009 年版。

《列宁全集》第 28 卷，人民出版社 1990 年版。

《邓小平文选》第二卷，人民出版社 1994 年版。

《邓小平文选》第三卷，人民出版社 1993 年版。

《邓小平年谱（1975—1997）》（下），中央文献出版社 2004 年版。

邓小平：《关于经济工作的几点意见》，《党的文选》1994 年第 6 期。

《江泽民文选》第三卷，人民出版社 2006 年版。

中共中央文献研究室编：《三中全会以来重要文献选编（上、下）》，人民出版社 1982 年版。

中共中央文献研究室编：《十四大以来重要文献选编》（上、下），人民出版 1999 年版。

中共中央文献研究室编：《十六大以来重要文献选编》（下），中央文献出版社 2008 年版。

中共中央文献研究室编：《十七大以来重要文献选编》（上），中央文献出版社 2009 年版。

中共中央文献研究室编：《十七大以来重要文献选编》（下），中央文献出版社 2013 年版。

中共中央文献研究室编：《十八大以来重要文献选编》（上），中央文献出版社 2014 年版。

《关于培育和践行社会主义核心价值观的意见》，《人民日报》2013 年 12 月 24 日。

《中共中央关于全面深化改革若干重大问题的决定》，《人民日报》2013 年 11 月 16 日。

《中共中央关于社会主义精神文明建设指导方针的决议》，人民出版社 1986 年版。

《中纪委监察部网站开通纠正"四风"监督举报直通车》，《河南日报》2014 年 4 月 9 日。

胡锦涛：《在纪念党的十一届三中全会召开 30 周年大会上的讲话》，人民出版社 2008 年版。

胡锦涛：《坚定不移沿着中国特色社会主义道路前进　为全面建成小康社会而奋斗——在中国共产党第十八次全国代表大会上的报告》，人民出版社 2012 年版。

胡锦涛：《牢固树立社会主义荣辱观》，《求是》2006 年第 9 期。

胡锦涛：《高举中国特色社会主义伟大旗帜，为夺取全面建设小康社会新胜利而奋斗——在中国共产党第十七次全国代表大会上的报告》，《人民日报》2007 年 10 月 25 日。

胡锦涛：《坚定不移沿着中国特色社会主义道路前进 为全面建成小康社会而奋斗——在中国共产党第十八次全国代表大会上的报告》，《人民日报》2012 年 11 月 8 日。

《胡锦涛等领导人分别看望政协委员并参加讨论——提出关于"八个为荣、八个为耻"的重要论述》，《人民日报》2006 年 3 月 5 日。

《习近平在第十二届全国人民代表大会第一次会议上的讲话》，《人民日报》2013年3月18日。

习近平：《使社会主义核心价值观的影响无所不在》，《人民日报》2014年2月26日。

习近平：《之江新语》，浙江出版联合集团、浙江人民出版社2013年版。

习近平：《推进社会主义精神文明建设的重要指导方针》，《人民日报》2006年5月29日。

习近平：《中华民族伟大复兴的梦想一定能实现》，《党建》2013年第1期。

李克强：《在十二届全国人大二次会议上的政府工作报告》，人民出版社2014年版。

《温总理为何要提"政务诚信"？》，中国共产党新闻网，2011年10月20日，见http：//cpc. people. com. cn/GB/64093/64103/1595627. html。

《十六大以来重要文献选编》（下），中央文献出版社2008年版。

李长春：《从"三贴近"入手 改进和加强宣传思想工作》，《求是》2003年第5期。

本书编写组：《十六大报告辅读读本》，人民出版社2002年版。

本书编写组：《十七大报告学习辅导百问》，党建读物出版社、学习出版社2007年版。

本书编写组：《深化文化体制改革 推动社会主义文化大发展繁荣学习问答》，国家行政学院出版社2011年版。

《诚信缺失 夫妻共同债务纠纷不断增多》，《法制日报》2013年7月8日。

《老子》，中华书局1984年版。

《韩非子集释》（卷一、三、五、七），上海人民出版社1974年版。

《论语·泰伯》，《十三经注疏》标点本，北京大学出版社1999年版。

《论语·阳货》，《十三经注疏》标点本，北京大学出版社1999年版。

《十三经注疏》标点本，北京大学出版社1999年版。

《管子校注》（卷一），中华书局2004年版。

《孟子·离娄上》，《十三经注疏》标点本，北京大学出版社 1999年版。

《孟子·滕文公上》，《十三经注疏》标点本，北京大学出版社 1999年版。

《旧唐书·魏徵传》，中华书局 1975 年版。

《中纪委监察部网站开通纠正"四风"监督举报直通车》，《河南日报》2014 年 4 月 9 日。

丁武：《转型时期我国社会分层结构探析》，中国改革论坛网，2012年 4 月 17 日，见 http：//www. chinareform. org. cn/society/manage/Forward/201204/t20120416 _ 139469. htm。

蔡丽华：《我国个人征信体系立法的现状及对策》，《中国信用卡》2013 年第 3 期。

费孝通：《乡土中国　生育制度》，北京大学出版社 1998 年版。

傅治平：《和谐社会导论》，人民出版社 2005 年版。

国防大学中国特色社会主义理论体系研究中心：《论当代中国的诚信建设》，《光明日报》2012 年 2 月 7 日。

何怀宏：《良心论》，上海三联书店 1994 年版。

贺麟：《文化与人生》，商务印书馆 2005 年版。

郭猛：《诚信教育传播的心理机制研究》，《教育评论》2012 年第5 期。

关玫：《司法公信力初论——概念、类型与特征》，《法制与社会发展（双月刊）》2005 年第 4 期。

高亨：《商君书注译》，中华书局 1974 年版。

韩铁椿、蒋小雯：《论诚信》，《毛泽东邓小平理论研究》2002 年第4 期。

韩震：《社会主义核心价值体系研究》，人民出版社 2007 年版。

蒋薇：《何为司法公信?》，《光明日报》2014 年 2 月 13 日。

教育部：《教育部办公厅关于进一步加强中小学诚信教育的通知》，《教育部公报》2004 年第 4 期。

教育部：《教育部打造诚信高考　舞弊均记入电子档案》，《教育信息化》2006 年第 12 期。

刘昂：《司法诚信概念解析》，《北京政法职业学院学报》2012 年第 1 期。

李长春：《从"三贴近"入手　改进和加强宣传思想工作》，《求是》2003 年第 5 期。

吕方：《"诚信"问题的文化比较思考》，《学海》2002 年第 4 期。

卢卡奇：《关于社会存在的本体论》，张西平译，重庆出版社 1993 年版。

卢卡奇：《历史与阶级意识》，杜章智、任立、燕宏远译，商务印书馆 1992 年版。

刘建华：《假泛滥折射诚信缺失》，《人民日报》2013 年 2 月 26 日。

李明正、肖瑶：《试论经济人、理性人与诚信的统一性》，《学术界》2010 年第 10 期。

林其屏：《规则和信用：市场经济两大基石的缺损与重构》，《福建论坛（经济社会版）》2002 年第 1 期。

刘少杰：《熟人社会存在合理性》，《人民论坛》2006 年第 5 期。

陆学艺：《当代中国社会阶层研究报告》，社会科学文献出版社 2001 年版。

林秀林等：《辩证唯物主义和历史唯物主义原理》（第五版），中国人民大学出版社 2004 年版。

马俊峰：《评价活动论》，中国人民大学出版社 1995 年版。

［英］梅因：《古代法》，商务印书馆 1984 年版。

彭未名：《"思想道德修养与法律基础"课优秀教案》，广东高等教育出版社 2009 年版。

庞元正：《怎样理解和谐社会是公平正义的社会——学习胡锦涛同志重要讲话系列谈》，《人民日报》2005 年 4 月 6 日。

齐中熙：《经贸委工商总局等十部委联合下发〈若干意见〉加强中小企业信用管理》，《人民日报·海外版》2001 年 4 月 27 日。

秋石：《正视道德问题加强道德建设》，《求是》2012年第7期。

秋石：《认清道德主流，坚定道德信心——再论正确认识我国社会现阶段道德状况》，《求是》2012年第4期。

秋石：《正确认识我国社会现阶段道德状况》，《求是》2012年第1期。

人民日报出版社编：《公民道德建设实施纲要》，人民日报出版社2002年版。

［美］乔·萨托利：《民主新论》，上海人民出版社2009年版。

沈慧芳：《作为义务的诚信与诚信义务的豁免》，《道德与文明》2010年第1期。

唐宝民：《心灵的坚守》，《光明日报》2012年2月15日。

汤雪：《电视纪录片直击诚信危机》，《光明日报》2013年3月25日。

王俊本、史稼轩、李虎成：《一个共产党员的坚守与追求——记新乡市辉县孟庄镇南李庄村党支部书记范海涛》，《河南日报》2012年11月27日。

王海明：《伦理学原理》，北京大学出版社2005年版。

吴兢：《最高法院副院长：不信任司法渐成普遍社会心理》，《人民日报》2009年8月19日。

王力：《话说征信》，《时代金融》2004年第9期。

王敏：《思想政治教育接受论》，湖北人民出版社2002年版。

徐国栋：《诚实信用原则二题》，《法学研究》2002年第4期。

徐光春：《加快文化建设需要把握的几个问题》，《光明日报》2007年12月7日。

［古希腊］西塞罗：《论共和国·论法律》，王焕生译，中国政法大学出版社1997年版。

谢雪：《中美大学德育的比较》，《教育探索》2002年第8期。

袁刚：《政务诚信的关键在于"公开性"》，《同舟共济杂志》2012年7月27日。

杨伯峻：《孟子译注》，中华书局1980年版。

曾参：《大学》，梁海明译注，远方出版社 2007 年版。

钟楚男：《个人信用征信制度》，《中国金融出版社》2002 年版。

赵虎吉：《什么是民主政治》，《学习时报》2004 年第 181 期。

周克庸：《诚信体系的三个层面》，《光明日报》2003 年 2 月 25 日。

邹建平：《诚信论》，天津人民出版社 2005 年版。

朱谦之：《老子校释》，中华书局 1984 年版。

张水红：《让失信者寸步难行　受惩教训成一生警钟》，《重庆晚报》2014 年 1 月 16 日。

张康之：《在历史的坐标中看信任——论信任的三种历史类型》，2006 年 4 月 14 日，见 http：//theory. people. com. cn/GB/49150/49152/4300010. html。

张维迎：《产权、政府与信誉》，生活·读书·新知三联书店 2001 年版。

朱小蔓、金生铉：《道德教育评论2006》，教育科学出版社 2007 年版。

郑永廷：《现代思想道德教育理论与方法》，广东高等教育出版社 2000 年版。

周正艳：《社会主义核心价值观认同路径探究》，《湖南社会科学》2012 年第 6 期。

［德］恩斯特·卡西尔：《人论》，甘阳译，上海译文出版社 2003 年版。

［德］康德：《实践理性批判》，韩水法译，商务印书馆 1960 年版。

［德］黑格尔：《哲学史讲演录》（第三卷），贺麟、王太庆译，商务印书馆 1959 年版。

［德］斐迪南·滕尼斯：《共同体社会——纯粹社会学的基本概念》，林荣远译，商务印书馆 1999 年版。

［德］伊曼努尔·康德：《实践理性批判》，蓝公武译，商务印书馆 1960 年版。

［法］孟德斯鸠：《论法的精神（下）》，张雁深译，商务印书馆 1963 年版。

［古希腊］亚里士多德：《尼各马可伦理学》，廖申白译，商务印书馆 2003 年版。

〔古希腊〕柏拉图：《理想国》，郭斌和、张竹明译，商务印书馆 1986 年版。

〔古罗马〕西塞罗：《论共和国·论法律》，王焕生译，中国政法大学出版社 1997 年版。

〔美〕登哈特：《新公共服务：服务，而不是掌舵》，丁煌译，中国人民大学出版社 2010 年版。

〔美〕乔·萨托利：《民主新论》，上海人民出版社 2009 年版。

〔美〕马克斯·韦伯：《新教伦理与资本主义精神》，于晓、陈维刚译，陕西师范大学出版社 2006 年版。

〔美〕弗兰西斯·福山：《信任——社会道德与繁荣的创造》，远方出版社 1998 年版。

〔美〕米德：《心灵、自我与社会》，赵月瑟译，上海译文出版社 1992 年版。

〔匈〕卢卡奇：《关于社会存在的本体论》，张西平译，重庆出版社 1993 年版。

〔匈〕卢卡奇：《历史与阶级意识》，杜章智、任立、燕宏远译，商务印书馆 1992 年版。

〔英〕坎南：《亚当·斯密关于法律、警察、岁入及军备的演讲》，陈福生等译，商务印书馆 1962 年版。

〔英〕吉登斯：《现代性与自我认同》，赵旭东等译，生活·读书·新知三联书店 1998 年版。

〔英〕摩根：《马太福音》，张竹君译，上海三联书店 2011 年版。

〔英〕亚当·斯密：《国富论》，唐日松译，华夏出版社 2005 年版。

〔英〕肯·宾默尔：《博弈论与社会契约》第 1 卷（公平博弈），王小卫、钱勇译，上海财经大学出版社 2003 年版。

Spinoza, *Improvement of the Understanding*, *The Ethics and Correspondence of Benedict de Spinoza*, Dover publications, inc., 1955.

后　记

　　诚信是一个古老的文化命题。随着我国经济社会的发展，许多学者对这个问题进行了大量的研究和深入探索，取得了丰硕的成果。本研究试图从社会主义核心价值体系、社会主义核心价值观的文化视角去研究诚信，去探讨社会诚信建设的文化生态问题。2012年，作为河南省教育厅人文社会科学重点项目"社会主义核心价值体系视域下社会诚信建设的问题与对策研究"立项以来，课题团队倾注了大量的心血进行研究，从提纲的拟定，到最终定稿，经过了艰苦的研究和反复的修改，终于形成了这部文稿。

　　本书的研究方向、整体思路和基本框架由张尚字提出和设计，具体写作提纲由张尚字、王新刚拟定。参与研究和参与撰写书稿的主要成员有：张尚字（绪言、结束语）、王新刚（第一章、第五章）、尹祥（第二章）、张其娟（第三章、第四章）、陶一丁（第六章）。修改统稿工作由张尚字、王新刚负责，最后由张尚字审改定稿。写作过程中，吸收了一些新的学术观点、研究成果，在本书的注释中都进行了注明，重要的篇目都附在了参考文献中，但仍有可能遗漏的地方，在此对已有研究成果的作者表示感谢。

　　在本书的出版的过程中，得到了"中国特色社会主义文化建设理论与实践"河南省高校哲学社会科学创新团队和河南省中国特色社会主义理论体系研究中心、河南理工大学马克思主义学院大力支持，在此致以由衷的谢意。

作　者

2014 年 9 月于河南理工大学

策划编辑:张　燕
责任编辑:高　寅　张　燕
版式设计:胡欣欣
责任校对:吕　飞

图书在版编目(CIP)数据

社会主义核心价值体系引领社会诚信建设/张尚字,王新刚 等著.
　-北京:人民出版社,2014.12
ISBN 978－7－01－014354－5

Ⅰ.①社…　Ⅱ.①张…②王…　Ⅲ.①社会公德教育-研究-中国
　Ⅳ.①D648.3

中国版本图书馆 CIP 数据核字(2014)第 310687 号

社会主义核心价值体系引领社会诚信建设
SHEHUI ZHUYI HEXIN JIAZHI TIXI YINLING SHEHUI CHENGXIN JIANSHE

张尚字　王新刚　等著

人民出版社 出版发行
(100706　北京市东城区隆福寺街 99 号)

环球印刷(北京)有限公司印刷　新华书店经销

2014 年 12 月第 1 版　2014 年 12 月北京第 1 次印刷
开本:710 毫米×1000 毫米 1/16　印张:14.5
字数:200 千字

ISBN 978－7－01－014354－5　定价:36.00 元

邮购地址 100706　北京市东城区隆福寺街 99 号
人民东方图书销售中心　电话 (010)65250042　65289539